北京市常住外来人口养老基金收支测算研究

曹 洋 著

复旦大學出版社

目 录

第一章 概论 ……………………………………………… 1
- 一、研究背景 ……………………………………… 4
- 二、研究目的 ……………………………………… 6
- 三、研究意义 ……………………………………… 7
- 四、研究思路和方法 ……………………………… 8
- 五、本书的创新 …………………………………… 10
- 六、研究中遇到的问题、困难及解决的办法、措施 ……… 12

第二章 国内外养老保险研究现状 ……………………… 14
- 一、世界养老保险收支模式及中国养老保险制度发展综述 …………………………………………… 14
- 二、中国养老保险制度发展和改革历程 ……………… 20
- 三、国内外学者养老保险收支预测方法研究 ………… 28
- 四、国内外来人口社会保障体系研究述评 …………… 31
- 五、国外研究现状 ………………………………… 45

六、研究现状及趋势 ························· 50

第三章　北京市外来人口社会保障体系建设影响因素统计研究 ························· 53
　　一、调查数据及外来人口社会保障体系状况 ············ 53
　　二、影响北京市外来人口参加社会保障体系的因素分析 ························· 57

第四章　北京市常住外来人口养老保险现状及发展分析 ······ 60
　　一、北京市常住外来人口特征分析 ················ 60
　　二、北京市常住外来人口养老保险现状 ············· 73
　　三、北京市常住外来人口养老保险参保状况分析 ········ 78

第五章　北京市常住外来人口养老基金基础人口测算 ········ 83
　　一、北京市常住外来人口流动行为分析模型 ·········· 84
　　二、北京市常住外来人口预测模型理论 ············· 91
　　三、北京市常住外来人口预测基础数据 ············· 97
　　四、北京市常住外来人口预测精算假设 ············· 103
　　五、养老基金基础人口测算模型 ················· 105
　　六、结果分析 ···························· 107

第六章　北京市常住外来人口养老基金缴费基数测算 ······ 109
　　一、中国基本养老保险制度的选择与变迁 ············ 110
　　二、北京市常住外来人口特征调查分析 ············· 115
　　三、北京市常住外来人口社会保险状况调查分析 ········ 116
　　四、养老基金缴费基数测算模型理论、数据及假设 ······ 120

五、北京市常住外来人口养老基金缴费基数测算结果分析 ·············· 121

第七章 北京市常住外来人口养老基金收入测算 ············ 124
一、养老基金收入预测模型理论 ············· 124
二、北京市常住外来人口养老金收入模型 ············ 124
三、北京市常住外来人口养老金收入测算精算假设 ······ 125
四、北京市常住外来人口养老金收入测算结果 ········· 126

第八章 北京市常住外来人口养老基金支出测算 ············ 128
一、外来人口养老基金支出测算模型理论 ············ 128
二、外来人口养老基金支出测算基础数据及精算假设 ············· 131
三、北京市常住外来人口"老人"养老基金支出模型 ············· 133
四、北京市常住外来人口"中人""新人"养老基金支出模型 ············· 135
五、北京市常住外来人口养老金支出总额预测模型 ······ 143
六、北京市常住外来人口养老金支出测算的测算结果 ············· 143

第九章 北京市常住外来人口养老基金收支测算及灵敏度分析 ············ 148
一、北京市常住外来人口基本养老保险基金的收支现状 ············· 148
二、北京市常住外来人口基本养老保险基金灵敏度

　　　　测试 ··· 150

第十章　北京市常住外来人口基本养老保险制度设计 ······ 154
　　一、提高参保率政策措施 ································· 154
　　二、"老人"和"中人"的历史积累债务由政府出资进行
　　　　补偿 ··· 157
　　三、改变人口结构 ·· 157
　　四、对影响北京市常住外来人口养老金收支的因素
　　　　进行适当调整 ·· 158
　　五、提高养老金保险的投资运作效率 ·················· 159
　　六、外来人口社会保障体系建设应分层分类实施 ······ 159
　　七、针对影响外来人口社会保障体系建设的两大因子
　　　　进行制度设计 ·· 160
　　八、建立适应外来人口需要的社会福利救助系统 ······ 161
　　九、尽快建立外来人口综合性城市社会救助系统 ······ 161

参考文献 ·· 163

第一章
概　论

北京市常住外来人口是指那些现居住在本市半年以上但其户口登记在外省市的人口。北京市常住外来人口是北京市社会经济发展的重要推动力量,是北京市人力资源构成中不可或缺的部分。从规模上看,其占据了北京市常住人口的30%以上;从人口特征上看,其改善了北京市劳动力市场的年龄、性别、技能、知识的结构,缓解了北京市人口老龄化危机以及对各种层次人才的缺口。由于这些人虽然在北京市就业和居住,但却不具备所居住城市的户籍,无法享受本地公民的各种社会公共服务,所以被称为"外来人口"。北京市外来人口从其构成来看,主要包括三类:一是不具有本市户籍的外省市农民;二是不具有本市户口的其他城市居民(具有其他城市户口的社会人员和大学毕业生);三是不具有本市户口的外国人。国家统计局2010年全国第六次人口普查结果主要数据公报(第2号)显示,居住在北京市并接受普查登记的中国港澳台居民和外籍人员共107 445人,其中,外籍人

北京市常住外来人口养老基金收支测算研究

员 91 128 人①,约占常住人口的 0.5%。

北京市常住外来人口统计数据始于 1978 年,当时全市常住外来人口数量为 21.80 万人,仅占常住人口的 2.5%,直到 1994 年,常住外来人口占常住人口的比重一直在 6%以下,这一时期,常住外来人口的流入速度一直保持在较低水平。但从 1995 年开始,北京常住外来人口流入速度开始以"倍数"速度增长,如 1995 年北京常住外来人口达到了 180.80 万人,这个数字是 1994 年的 2.87 倍。2000 年突破 200 万人,2007 年达到 419.7 万人,2009 年突破 500 万人,2010 年达到 704.7 万人,外来人口在常住人口中的比重达到了 35.9%②。"十二五"以来,北京常住外来人口保持了增量、增速均平稳下降的趋势,2014 年末全市常住人口为 2 151.6 万人,比 2013 年末增加 36.8 万人,增速为 1.7%,其中,常住外来人口为 818.7 万人,比 2013 年末增加 16 万人,增长 2%。不过增量比 2013 年减少 12.9 万人,增速较 2013 年回落 1.7 个百分点。

北京常住外来人口的"年轻化"特征缓解了北京市人口老龄化的危机,常住外来人口加入北京市养老保险体系有利于做大北京市养老保险基金规模,从而更好地发挥养老保险的互济功能。国际上通常把 60 岁以上人口占总人口的比例达到 10%,或 65 岁以上人口占总人口的比例达到 7%作为国家或地区进入老龄化社会的标准。按照这个标准,北京 2011 年户籍老龄人口已超过 250.6 万人,而 2007 年只有 210 万人,平均每年以 10 万人的速度

---

① 境内港澳台居民和外籍人员指普查标准时点在我国境内居住三个月以上或能够确定将居住三个月以上,但不包括出差、旅游等在境内短期停留的港澳台居民和外籍人员。"境内"指的是我国海关关境以内,不包含港澳台地区。

② 北京市统计局:北京 2012 年度统计年鉴,www.bjstats.gov.cn。

标,外来人口参保者中能够达到15年以上缴费并工作到退休年限享受养老待遇的人数更少。原因主要是现行养老保险制度设计中规定的社保缴费基数和比例,只有地区差异而没有职业、阶层的差异,没有考虑到外来人口工资水平普遍偏低的实际情况,超出了外来人口的承受能力。以现行政策为例,2016年8月,北京市常住外来人口养老保险缴纳基数达到了2834元,按照调整后公司缴纳比例19%、个人缴纳比例8%,缴费总额达到了765.18元,占个人工资总额的27%,这就使本就收入不高的外来人口无力参保。某些具有技术能力的外来人口虽然月薪能够达到4000—5000元以上,但是由于外来人口的"举家"迁移特征,一个人工作往往要解决三四口人的生活,压力仍然比较大。没有参保能力,这成为北京常住外来人口参保率低的重要原因。

(二)北京市常住外来人口养老保险退保率持高不下

根据北京社保中心统计,2014年北京常住外来人口有584.55万人参加基本养老保险,但当年退保及办理养老保险转移的外来人口为73.02万人,退保率为12.49%,根据测算,北京市从2004年以来退保率一直保持在较高水平。退保率较高主要有以下三个方面的原因:一是北京比较正规的企业在聘用外来人口后是把这些人列入单位职工保险的范围,在合同规定的时间内为其缴纳了养老保险,但在合同结束后,由于这些外来人口要回到户籍所在地生活,出于短期经济利益的考虑,便将打工期间单位为其缴纳的社会保险退成现金。二是大部分外来人口从事的工作非常不稳定,为了寻找工作机会,他们经常四处工作,这就决定了外来人口在一个单位的缴费期限较短,而且在新旧工作转换期间,养老保险经常断缴。在北京现行养老保险制度中规定,参保外来人口需要在北京累计缴费满 15 年以上才能享受领取养老金的待遇。根据外来人口的上述特点及现行《劳动合同法》规定①,考虑到无固定期限劳动合同的用工风险,很少有单位会聘用他们 15 年以上,这就使外来人口很难固定在北京工作 15 年以上。三是外来人口户籍所在地养老保险制度与北京市养老保险制度无法接轨,外来人口在北京市内缴纳的养老保险,回到其户籍所在地后既无法续保也不能享受领取养老金待遇。

二、研 究 目 的

通过对国际、我国养老保险制度改革和现行养老保险制度运行现状的分析和研究,详细分析北京市人口老龄化等方面的因素,逐步求解能够应对现存和未来养老保险金支付问题的最佳答案。

具体来说,本书将重点分析和研究以下四个问题:

第一,国内外养老保险制度的发展与现行养老保险制度的优缺点。

第二,我国外来人口养老保险的现状及北京市的独特性。

---

① 《劳动合同法》第十四条:无固定期限劳动合同,是指用人单位与劳动者约定无确定终止时间的劳动合同。用人单位与劳动者协商一致,可以订立无固定期限劳动合同。有下列情形之一,劳动者提出或者同意续订劳动合同的,应当订立无固定期限劳动合同:(一) 劳动者已在该用人单位连续工作满十年的;(二) 用人单位初次实行劳动合同制度或者国有企业改制重新订立劳动合同时,劳动者在该用人单位连续工作满十年且距法定退休年龄不足十年的;(三) 连续订立二次固定期限劳动合同且劳动者没有本法第三十九条规定的情形续订劳动合同的。用人单位自用工之日起满一年不与劳动者订立书面劳动合同的,视为用人单位与劳动者已订立无固定期限劳动合同。

第三,北京市基础人口和外来人口结构如何演变,特别是老龄化的进展?

第四,经过经济和人口模型模拟,北京市外来人口养老保险收支状况将如何发展?

三、研 究 意 义

自20世纪80年代以来,国内外对养老保险问题的研究由来已久且成果丰硕。许多研究已对中国过去以城市和企业为基础的养老保险进行了分析,并推荐采用社会统筹、个人账户和自愿储蓄相结合的多支柱体系。目前,中国的养老保险体系包括基本养老保险、企业补充养老保险、职工互助养老保险和个人储蓄性养老保险。基本养老保险实行统账结合的部分积累制度,国家承办、国家低保,低水平、广覆盖,面向城镇职工,强制参加,单位和个人共同缴费。企业补充养老保险、职工互助养老保险和个人储蓄性养老保险都是补充性养老保险。在目前中国的这种养老保险制度运行中,暴露的最大问题就是个人账户的空账运行问题,这不仅严重影响了现有养老保险制度的运行效率,也对中国的养老保险体系造成巨大威胁,而且对于正步入老龄化社会的中国而言,缺乏有效的、可持续的国家养老保险体系,也必然影响着经济改革的顺利进行。

本书选取北京市为研究对象,希望在对历年北京市基本养老基金收支状况及其影响因素进行分析的基础上,建立养老基金收支预测模型,采用定性和定量分析相结合的方法,估测北京市未来十年常住外来人口基本养老保险基金的收支状况,并对改善北京市基本养老保险收支平衡进行政策模拟,提出相应的结论与对策建议,希望能为北京市制定常住外来人口养老基金管理机制提供决策参考。

四、研究思路和方法

(一)研究思路图

本书研究思路,如图1-1所示。

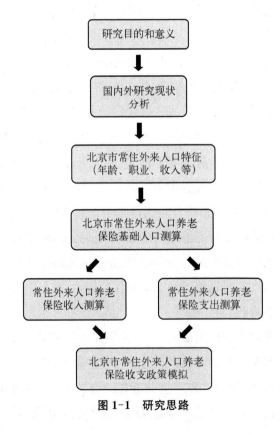

图1-1 研究思路

第一章 概 论

(二) 研究内容阐述

本书旨在系统化地对北京市常住外来人口养老保险基金收支测算问题进行数量分析。本书选择了北京市这一具有明显自身特点的地区作为常住外来人口养老保险的研究对象,运用数理统计基础、时间序列预测与精算原理相结合的方法,以养老保险的内在含义和北京市养老保险现行政策为基础,估测北京市未来十年常住外来人口基本养老保险基金的收支状况,并对改善北京市基本养老保险收支平衡提出相应的对策和建议,希望能为政府部门制定养老基金管理机制提供参考。本书主体由四部分组成:① 研究背景意义及国内外研究现状分析;② 北京市常住外来人口特征及养老保险基础人口测算分析;③ 北京市常住外来人口养老保险收支测算及灵敏度分析;④ 研究结论及政策建议。

第一部分共分为两章,即第 1—2 章。主要内容包括研究背景与意义、国内外研究综述、研究现状及趋势。

第二部分共分为三章,即第 3—5 章。这部分是对常住外来人口养老保险收支测算进行必要铺垫,主要涉及北京市常住外来人口特征因素的分析,以及北京市常住外来人口养老保险测算模型的建立、对常住外来人口养老保险缴费人口和领取人口的数量预测。

第三部分共分为四章,即第 6—9 章。这部分为全书重点,主要阐述北京市常住外来人口养老保险基金的收入、支出测算模型的建立和通过收支测算模型得到的各年常住外来人口养老保险收支测算结果,并在此基础上进行常住外来人口养老保险基金影响因素的灵敏度分析,最后对分析结果加以解释。

9

第四部分,即第 10 章。这部分作为全书的总结,首先对全文的研究过程进行回顾,总结文章研究所得的结论,然后据此给出政策建议,最后指出本书不足和对未来研究的展望。

五、本书的创新

养老保险已有 100 多年的历史,对其进行的相关研究不可胜数,仅仅是针对测算方面的研究就涉及许多方面,与国内外关于养老保险基金收支测算问题的研究成果相比,本书的特点和创新之处主要体现在以下五个方面。

(一) 应用精算方法测算北京市常住外来人口养老金收支

当前国内的测算研究主要以全国范围为主。由于养老保险尚未实现全国统筹,各地区在养老金收支标准和执行力度方面差距很大,因此针对全国范围进行测算的准确性和应用价值相对较低。北京市是部分实现省际区域统筹的地区之一,目前尚未有公开的应用精算方法的收支测算研究,常住外来人口的相关养老金收支研究更是少之又少,本书的测算研究可以为北京市养老保险政策的制定和调整提供重要依据。

(二) 利用人口普查数据作为养老金收支测算基础

当前的测算研究主要利用养老金的汇总指标,通过固定比例变动等方法对养老金的收支情况进行测算研究。本书以人口普查数据为基础,利用人口精算方法测算出各年不同性别、年龄的人口数,然后根据一定的收支标准进行养老金的收支测算。这样的测算结果不仅具有更高的精确度,而且还可以对收支变动的影响因素进行研究。

(三)用时间序列方法测算未来缴费工资

当前的研究大多假设工资以某一固定比例增长,但是工资增长受较多因素影响,长期内很难保持稳定。本书根据数据驱动理论,采用时间序列预测未来缴费工资,能够综合考虑工资变动的各种影响因素,并以此作为测算基础,理论上使测算结果具有更高的准确性。

(四)引入灵敏度分析方法模拟研究各因素对养老金收支影响

当前的研究大多仅停留在测算的层次,只是预测出各年的养老金收支额,没有研究各个因素对养老金收支的影响程度。本书把灵敏度分析引入测算研究,分析养老金收支对相关因素的灵敏度,分析的结果可以帮助政府在对养老保险政策进行调整时更好地把握相关调整的方向和幅度。本书考虑未来政策调整的时间,在测算结果基础上对不同的养老金缴费率、养老金替代率、延长退休年龄方式进行模拟,增加了模拟的可行性和模拟效果的可靠性。

(五)将研究问题具体化

本书不再针对全国水平进行笼统讨论,而是具体考察国家养老保险政策下统筹地区自行调整的实际特点,针对北京市的具体情况进行分析,在得到更精确结果的同时反映出更精细的政策调整依据,填补了北京市常住外来人口养老保险基金收支测算和其变动趋势定量研究的空白。

六、研究中遇到的问题、困难及解决的办法、措施

(一)北京市常住外来人口数量是养老保险基金收支测算的基础

为了对人数进行更好的估计,必须首先要了解北京市分年龄、分性别、分职业、分收入等的人口结构的变化趋势,因此本书单独安排一章对这些基本数据进行分析。养老保险的覆盖人口分为缴费人口和领取人口,测算分两个层次展开:一是对北京市基础人口的测算;二是对未来养老保险参保总人数的预测。测算过程中需要对死亡率、生育率、净迁入率、参保率等基础数据进行合理精算假设,对人口测算产生影响。

(二)人口基础数据的获取

由人口测算模型得出北京市常住外来人口养老保险基金缴费人数和领取人数,以此为基础进一步测算北京市常住外来人口养老保险基金收入和支出情况,建立收入、支出测算模型。在收入测算模型中,主要涉及缴费人数、平均缴费工资、缴费率和收缴率等指标。平均缴费工资可以通过设定增长率来逐年测算,也可将其看作一个受到多种因素作用的灰色系统,利用灰色预测法测算;缴费率和收缴率根据历史数据作出合理假设。建立支出测算

模型时,根据加入养老保险时间不同,以 1998 年为分界点把退休人员分为老人、中人和新人,不同人群采用不同的养老金发放办法,其养老金的支出测算模型也有所不同。针对外来人口,建立支出模型是一个难点,需要考虑领取人数、替代率、领取标准比例、退休年龄等指标,可以通过相关文件、文献资料在对基金收支情况以及运行机理充分认识的基础上再展开后续分析研究。

(三) 灵敏度分析

依据北京市常住外来人口的养老保险收支测算和结果分析,考虑现行外来人口养老保险制度长期存在下支付的变动趋势,以及外来人口的流动性对北京市养老保险基金的收支影响状况。通过对影响养老金收支的人口期初数量、净迁移率、退休年龄、缴费率、替代率等精算假设做适当改变,利用灵敏度分析来模拟研究各项指标的变动对养老金的收支影响,以期为政府政策的制定提供依据。

第二章
国内外养老保险研究现状

一、世界养老保险收支模式及中国养老保险制度发展综述

养老保险制度模式可以从多个角度进行划分：从资金征集方式的角度可分为税收征集和缴费征集两种模式；从资金入账管理方式的角度可以分为社会统筹与个人账户模式；从基金行政管理模式的角度可分为公共管理和私营管理、营利性管理和非营利性管理、政府管理与非政府管理等(其中,政府管理又分为统一管理和分散管理,非政府管理又分为社会团体管理和基金公司管理)；从基金营运模式的角度分为统一营运和竞争性营运、直接营运和委托营运等；从资金在使用时是否留有积累的角度可分为现收现付制和基金积累制；从参保者待遇确定与否的角度可分为规定受益型和规定缴费型等。一直以来,筹资和给付模式的合理性与可操作性一直是学者们讨论的重点,本节将重点讨论养老保险的收支模式。

第二章　国内外养老保险研究现状

（一）给付模式和筹资模式概述

国外学术界关于养老保险制度方面的研究文献十分丰富，主要研究成果是基于生命周期假说和新古典经济学的研究，并主要集中在两个问题上：一是关于强制性公共养老体系存在的合理性；二是关于现收现付制和基金制养老保险制度的比较分析。这方面早期的研究主要有 Samuelson(1958)、Diamond(1965)和 Aarno(1966)的研究，他们在一般均衡理论框架下对养老保险制度进行研究，为以后的研究奠定了重要基础。

在养老保险的给付模式上，目前有两大基本模式，即规定受益模式和规定缴费模式。在养老保险制度安排的实施方面，如果是由计划的主办者或管理者作出承诺，按照一个特定的公式决定每一个计划参加者的养老保险收益，提供一笔年金，或是一笔一次性的支付，这种实施方式称为规定受益制。依据受益额的确定方式，又可以将规定受益计划分为普享制计划和收入财产关联计划。前者通常采用统一比率的收益计发方法，向计划能够覆盖到的所有人都提供一笔数额相同的养老保险，而决定这一数额的标准往往就是它能够维持受益者的最基本的生活水平；而后者养老保险的获取和获取的数额与申请人的退休收入或财产状况有关，参加者的其他收入越高，他能得到的养老保险收益就越少，以这种方法来缩小实际收入差别比较大的不同受益者之间的实际生活水平的差距，因而是一种针对不同受益者之间实际收入的差别而设计的一种调节机制。如果是按照一定的公式决定每个人的缴费数额（当然，这就需要为每一个参加者都设立一个个人账户以记录其缴费的多少），将来在其有资格领取养老保险的时候，就可以根据参加者的个人账户上的记录来决定怎样向他计发养老保险。这样一种实施方式则称为规定缴费计划。

按照筹资模式的不同,养老保险制度可分为基金制和现收现付制。一个养老保险计划的参加者,在工作期间把一部分劳动收入交给一个集中的可用于投资的基金,等参加者退休以后,该基金再以投资所得的回报向他兑现当初的养老保险承诺,这样的一种制度安排就是基金制。基金制又可分为完全基金制和部分基金制。部分基金制即在养老保险筹资中,一部分为现收现付制,一部分为基金制的混合式养老保险模式。以同一个时期正在工作的一代人的缴费来支付已经退休的养老保险的制度安排,称为现收现付制。现收现付制的养老保险计划实际上很少是由工人的直接缴费进行融资的。现收现付制的公共养老保险多是以税收的渠道,有时也以雇主的直接缴费进行融资。在这种情况下,直接负担养老保险费用的往往是国家财政以及工人的雇主。

(二) 各类养老保险制度的比较

19世纪80年代,伴随着西欧工业化国家经济危机的加深,工人为争取社会保障而进行的斗争日益高涨,特别是当时的德国,因马克思主义的广泛传播,工人阶级力量相当强大,威胁着新兴资产阶级的利益和新政权的稳固。在这种情况下,俾斯麦政府为了顺利推进经济发展,争取工人阶级的支持,采用了新历史学派的主张,用"国家干预经济"的做法,先后在1883年、1884年和1889年颁布了《疾病社会保险法》《工伤事故保险法》《老年和残障社会保险法》,开了现代社会保险之先河。

1889年德国社会养老保险制度的建立,标志着养老问题已不再只是个人或家庭的问题,而是政府和社会共同的责任,政府开始以正规的制度介入养老,商业保险机制也被引入社会养老保险领域,这种成熟的技术在一定程度上保证了社会养老保险制度的科学性。自养老保险制度在德国产生后,工业化国家以及其他国家纷纷效仿。截至20世纪末,世界上已有166个国家建立了社会养老保险制度,这表明社会养老保险制度作为人类社会发展进步中的一项文明立法,具有广泛的示范作用,养老保险不仅是人类社会发展的普遍需要,而且也是政府着力推进的重大社会政策。

世界各国的社会制度不同,经济发展水平不等,文化历史各异,养老保险制度的实施有先后之别,在确定养老保险目标、保障水平与范围、管理体制等方面也存在着很大差异。但在养老保险制度筹资模式上,直到20世纪80年代之前,除新加坡及中美洲几个较小的国家采用完全基金积累制外,绝大多数国家都效仿德国的现收现付制模式,即要求正在工作的一代以缴费或纳税的形式负担当期退休一代的养老金,然后代代相传,缴费一般由雇主和雇员共同承担,只有在年金支付不足的情况下政府财政才提供必要的补贴。这一时期,现收现付的资金筹集模式为各工业国社会的稳定和经济的发展作出了积极贡献。

从20世纪60年代初开始,低生育率现象使得这些国家的劳动力大军的规模逐渐缩减,为养老保险融资的人数越来越少。为确保现收现付的养老保险制度财务上的可持续性,政府面临着要么提高税(费)率,要么降低养老水平的艰难选择。经济增长趋缓和人口严重老龄化的双重压力,使得这些国家正面临着严峻的经济、政治和社会压力。人们开始重新审视社会养老保险制度,预示着社会养老保险制度面临着重大变革。

目前,世界上主要国家的养老保险制度有四种类型:一是自保公助型的社会养老保险制度。这是源自德国俾斯麦执政时期的社会养老保险制度,强调养老是国家、雇主和雇员共同的事情。这种制度实施范围一般包括雇员和在业人员。享受待遇一般要以纳税(缴费)年限和其他形式的义务为条件。在待遇上,最低保险部分和鼓励部分有机结合起来。保障部分一般只要具备起码的条件,而超过保障部分的待遇则根据纳税(缴费)年限或工龄长短,确定享受待遇和权利。全世界多数国家采用了这一模式。二是福利型的养老保险制度。这种制度源于英国,后为瑞典等北欧国家所发展。这种制度的特点是实施范围广,费用一般由国家负担(用税收解决),待遇标准由国家统一规定,以维持基本生活为目的。这种类型的缺点是政府财政负担较重,养老标准不与原来的收入或工龄挂钩,对劳动者缺乏鼓励作用。三是国家保障型的养老保险制度。这种制度源于苏联,是建立在社会主义公有制基础上的一种社会养老保险制度。其基本特点是国家宪法确定每个公民均能享有以养老为主要内容的社会保障,老有所养是公民的基本权利;个人不缴纳养老保险费,退休金支出全部由国家和企业承担;工会组织参与养老保障事业的决策和管理。这种制度目前只有朝鲜等极少数国家仍在实行。四是强制储蓄型的养老保险制度。以澳大利亚、新加坡、马来西亚等国的中央公积金制度最为典型。这种制度的优点是充分体现自我保障,义务与权利紧密结合,基金的收支可以保持稳定平衡,政府财政负担很少;缺点是资金上缺乏社会统筹互济,社会化程度低,储蓄的基金在物价上涨幅度较大时难以保值。

（三）国外养老保险的特点

世界各国由于历史文化传统、理论依据、政治体制以及经济发展程度的不同，形成了不同类型的社会养老保险制度。但透过模式上的区别，我们不难发现，这些国家社会养老保险有着一些共同的特点。

1. 养老保险基金来源多渠道

国外养老保险基金的来源通常有三个渠道：一是雇员按其工资总额的一定百分比缴纳保险费（或税），如德国雇员缴纳的保险费占个人工资总额的比例为9.35%，法国为6.6%，美国为7.65%。二是雇主按工资总额的一定百分比例缴纳保险费。有的国家雇主缴纳的比例与雇员缴纳的比例一样，如美国，各为50%；也有国家雇主缴纳的比例略高于或低于雇员。三是政府负担一部分养老保险费，如德国1991联邦政府对法定养老金的补贴约占养老金支出总额的20%。有的国家，如美国、新加坡等国政府不负担养老保险费。也有的国家（如智利），雇主不为其雇员缴纳养老保险费，完全由雇员缴纳，但雇主有责任替雇员代缴养老保险费，缴纳比例为本人工资收入的10%。

2. 养老保险筹资模式多样化

西方一些发达国家为了应付今后退休高峰的到来，实行部分积累制。例如，美国由于基金收支连年出现赤字，1983年改为部分积累办法，历年积累够支付一年的养老金。也有一些国家实行现收现付制，如德国吸取了第二次世界大战前以资本积累增值办法管理社会保险资金的教训，认为这种办法易受经济周期变动、通货膨胀、战争等不可预测因素的影响，难以获得成功，因此，战后采取现收现支的筹资模式。也有一些国家,如亚洲的新加坡、南美的智利等,实行完全积累制,即在职的劳动者按国家规定,为自己的养老缴费养老保险,记入个人养老保险账户,退休后从个人账户领取养老金。

3. 养老保险制度多层次

国外不少国家均实行多层次的养老保险制度:法定基本养老保险,一般由政府举办,通过立法强制实行,建立统一的制度,实行高度集中的统一管理,待遇标准为保障退休者的基本生活;企业补充养老保险,美国称之为企业的私人退休金计划,法国称之为补充养老保险,加拿大称之为企业补充年金。

4. 基本养老金与物价挂钩进行调整

为了保证养老金的"含金量",使它不因物价上涨而贬值,不少国家实行了养老金与物价挂钩的原则,即在消费物价指数上升以后,也同时调高养老保险金的给付标准。有的国家规定每两年调整一次,有的一年调整一次,有的一个季度调整一次,有的按物价指数的上涨幅度调整,如当物价指数上涨 4% 或 2% 时,便相应地调高养老金给付标准。

二、中国养老保险制度发展和改革历程

(一) 中国养老保险制度创立与发展

中华人民共和国成立后,政府高度重视劳动者的社会福利,在马克思关于社会产品六个扣除理论及列宁的"最好的保险是国家保险"的理论指导下,1949 年在北京召开的全国人民政治协商会议通过的《共同纲领》规定,在企业中"逐步实行劳动保险制

度"。中华人民共和国《宪法》中也明确规定"劳动者在年老、疾病或者丧失劳动能力的时候,有获得物质帮助的权利。国家举办社会保险、社会救济和群众卫生事业,并且逐步扩大这些设施,以保证劳动者享受这种权利"。在基本法的引导下,中国照搬苏联的国家保险模式,建立了城乡"双重二元"的社会保障制度,即在农村实行以土地保障和家庭保障为主的社会保障制度,在城市分别建立了以《企业劳动保险条例》为核心的企业职工社会保险制度和针对机关事业单位的各项社会保险制度。中国城镇社会保险制度大体经历了三个阶段的变迁。

第一阶段是"国家—单位"保险。政务院于1951年正式颁布了适应多种所有制经济的全国统一的《中华人民共和国劳动保险条例》,该条例是一项一揽子社会保险计划,包括养老、疾病、伤残、生育等方面。在筹资模式上采用现收现付制,企业单方缴费,缴费额占工资总额的3%,其中70%由企业自用,30%上缴全国总工会,在全国范围内调剂使用;退休年龄一般为男60岁,女50岁;养老金替代率一般在35%—60%(此间,机关事业单位建立了类似于企业职工劳动保险的退休金制度,个人不用缴费,退休金由财政负担,养老金替代率一般在50%—80%)。这一时期劳动保险制度的保障对象主要是城镇企业职工,是以企业保险为主辅之以社会保险的"国家—单位"混合制度。

第二阶段转向企业保险。1966—1976年这10年间,"文化大革命"使得中国刚刚建立起来的劳动保险制度几乎陷于瘫痪。最初,随着新中国成立初期有关企业所有制性质的改造完成,劳保对象只有国有企业和集体企业的职工。其后,随着"文革"的深入,在劳动保险管理上撤销了内务部。1969年财政部又规定,国有企业一律停止提取劳动保险金,退休金在营业外列支。这就意味着劳动保险走上了彻底的企业保险之路,基金也停止了积累。总体来看,由于计划经济时期企业没有自主权,不是责任主体,劳动保险实质上是苏联模式下的"国家保险",只不过在中国表现为由企业代为发放而已。从某种程度上来说,1978年以前中国"传统社会保障制度"是国际共产主义运动的一个合理延续。

第三阶段是养老保险制度恢复与探索阶段。1978年,中共十一届三中全会扭转了中国社会经济发展长期的混乱局面,在养老保险方面,开始陆续恢复原在"文革"时期被停止了的业务。1978年国务院颁布了《关于工人退休、退职的暂行办法》和《关于安置老弱病残干部的暂行办法》,规定了退休和退职条件及退休费标准,作为劳动保险制度的延续;1980年建立了离休制度。直至1991年,这一时期都是为了解决养老保险历史遗留问题和恢复被"文革"破坏的养老保险制度。与此同时,这一时期也进行了"企业保险"向"社会保险"转变的探索。例如从1984年开始,中国开始尝试养老保险费用的社会统筹,其目的是"还原"社会养老保险的"社会性"的基本特征,并在江苏省泰州市、广东省江门市和东莞市等地开始退休费社会统筹的试点。

1951—1991年的40年间,中国企业养老保险先后经历了"国家—单位保险""企业保险"和"社会保险"的历程,但现收现付的筹资模式始终未变。这种养老保险制度模式与当时高度集中统一的计划经济体制相适应,城乡二元制度、户籍制度和身份编制,又成了区隔和固化人们之间保障水平的工具,制度内的人享受着超水平的社会保障,而制度外的人无任何保障可言,这对后来的劳动力合理流动设置了很大的障碍。

(二) 中国养老保险制度改革和发展趋势

1984年,中共十二届三中全会通过了《中共中央关于经济体制改革的决定》,将利益机制引入国有企业,企业的经营权与所有权分离,成为自主经营、自负盈亏的独立商品生产者,养老保险变成企业行为。但由于不同企业间离退休人数不同而使企业养老保险负担畸轻畸重,企业难以在同一"起跑线"上进行市场竞争;企业保险阻碍了员工在不同企业之间的流动;对一些改革开放以来的新经济成分和新型就业人员(如"三资"企业、私营企业、个体工商户和大批流动着的农民工)来说,他们无法加入企业养老保险。总之,原有的"国家—单位"保险已不适应改革开放以来的中国国情,甚至阻碍了改革的进一步发展,企业养老保险社会化的呼声越来越高,由此拉开了企业养老保险改革的大幕。

中国经济体制改革及养老保险改革时期,也正是世界各国养老保险因经济全球化和人口老龄化而进行深入改革时期,中国的养老保险改革也汇入了世界养老保险改革的大潮。在世界各国原有的现收现付的养老保险制度面临着财务危机的情况下,新加坡中央公积金制度将"自我保障融入社会保障机制中去",从而能够独善其身,一枝独秀;智利养老保险由现收现付向完全积累制改革也取得巨大成效,给陷于养老保险危机的世界各国带来了希望的曙光,也对中国养老保险制度改革模式的选择产生了重大影响。

中国的养老保险改革也受到来自西方国家养老保险理论与实践的影响。世界银行在1994年出版的《防止老龄危机》中指出:一个完善的养老保险制度应在有效保护老年人的同时,促进经济增长,因此向各国推荐"三支柱"模式。第一支柱是为克服老年贫困,以收入再分配为目的,宜采用现收现付制;第二支柱是用来应对人口老龄化,增强储蓄并提高经济效率,宜用 DC 型的基金制;第三支柱是自愿的个人储蓄或私人保险,以满足更高层次养老保险需要。世界银行认为,"三支柱"可有效缓解财政压力、减少老年贫困、促进资本市场发育。世界银行在向一些发展中国家提供贷款时,附加条件有的就是要该国实行"三支柱"方案。中国的养老保险制度改革也深受世行的影响。

在学习借鉴他国经验和教训的基础上,本着中国特有国情,中国最终在养老保险模式上没有采用基金制,而是采用了现收现付及完全基金积累制的混合模式,即部分积累制,且在资金运行管理上选择了"统账结合"制。

1995 年国务院发布《关于深化企业职工养老保险制度改革的通知》,确立了社会统筹与个人账户相结合的养老保险新模式。1997 年颁布了《国务院关于建立统一的企业职工基本养老保险制度的决定》,即统一了缴费率、个人账户规模和养老金计发办法,这是新时期养老保险里程碑式的文件,标志着中国统账结合的养老保险改革方案已正式形成。随后在 1998—1999 年,国家又取消了养老保险行业统筹,将原行业统筹移交地方。至此,全国统一的企业养老保险制度得以建立。

2005 年 12 月国务院颁布了《国务院关于完善企业职工基本养老保险制度的决定》,一方面对统账结构进行了调整,规定从 2006 年起,个人账户规模由原来的 11% 调整到 8%,完全由个人缴费形成,为的是缩小个人账户,以便能减少做实个人账户的财政压力；社会统筹部分筹资规模由原来的17%调整为20%，为的是更突出社会互济性特征，加大养老保险再分配力度；社会个体参加养老保险缴费由上年度社会平均工资的28%调低到20%，其中8%纳入个人账户，降低了个人参保门槛，以扩大覆盖面和覆盖率，增加缴费收入。另一方面对养老金的计发办法等也做了如下重大调整：对缴费超过15年以上的，增加基础性养老金的支付比例；取消个人账户领取10年的限定，而是根据个人退休时的各种因素来确定；调整了养老金计发结构，在基础养老金部分进行指数化调整，从而更有利于收入再分配。

尽管新制度下个人账户规模已缩小，但直至现在，个人账户仍无法做实，且每年空账规模以1 000亿元的速度在递增，目前个人账户空账规模已累积到9 000多亿元，基金缺口越来越大；缴费率过高，企业负担过重，被迫欠缴、逃缴、少报基数等情况严重；制度覆盖率较低，制度难以推广；基金投资收益率低；提前退休、个人冒领养老金现象严重；统筹层次低带来很多社会问题，养老金目标替代率难以实现，实际替代率逐年降低，制度内外的养老金差距越来越大，制造了新的社会不公平。总之，作为制度创新的统账结合的中国城镇职工基本养老保险制度在中国的十几年实践，其制度的可持续性越来越令人质疑。

（三）我国流动人口养老保险的发展

2000年以后，国有企业解困、职工下岗分流的艰巨任务基本完成，中央政府开始着手解决农民工问题。推动农民工参与城市的就业关联社会保险是"农民工新政"的重要内容，也是深化社会保障制度改革的一个重点。把农民工纳入城市社会保障体系，首先在工伤保险上获得了突破。2004年1月,《工伤保险条例》正式施行;不久,有关部门就明确了该条例完全适用于与企业发生劳动关系的农民工。这样,农业户口不再是进入这一制度的身份障碍,新的工伤保险制度完全没有城乡分割的性质。在20世纪90年代后期,城镇职工养老保险制度和医疗保险制度出台之时,完全看不到类似这样的明确把农民工纳入适用范围的配套文件。工伤保险制度的这一创新,表明解决农民工问题已经成为中央政府的政策要点,工伤保险缴费费率低、不涉及跨地区转移也是一个因素。农民工参加城市养老保险和医疗保险,关系到农民工参保意愿与能力、跨地区转移等复杂问题。因此,中央政府2006年的政策要点是"抓紧解决农民工大病医疗保障问题""探索适合农民工特点的养老保险办法"。各地在促进农民工参加社会保障上,根据本地情况,采取了不同形式的政策措施。例如,广东要求农民工与城市职工一样参保,而上海、成都等地为农民工设计了专项社会保险。尽管农民工参加这两项保险还有制度不统一的问题,但这一群体被完全排斥在社会保险制度之外的情形已经成为历史。

以农民工参保为重点的社会保障改革与《劳动合同法》的制定和实施是同时推进的。本来,1994年颁布的《劳动法》已经定义了劳动合同制度,但是,同当时的社会保障改革一样,这一法律主要是为国有企业改革配套,因此劳动合同制度也没有及时覆盖农民工。"农民工新政"明确了农民工劳动合同主体地位。"农民工新政"与2007年颁布的《劳动合同法》结合在一起,使得农民工签订劳动合同的比例增长很快,数千万正规企业中就业的农民工与其他员工一道,成为劳动合同主体,获取了平等的劳动权利。

大量隐性养老金债务没有记入政府的债务,从而降低了财政赤字;Eisner 和 Pieper(1984)认为赤字没有考虑政府的财产。Auerbach 和 Kotlikof(1987)以及 Kotlikof 证明,政府通过把收入和支出冠以不同的名称,可以做到采取其偏好的财政政策,同时报告令人满意的财政赤字状况,因此财政赤字具有一定的任意性,需要寻找替代财政赤字的方法。Auerbach 等(1991)提出一种新的衡量财政体系负担和财政政策可持续性的方法——代际核算方法。代际核算方法不但考虑了财政政策变化的短期影响,而且能更全面地衡量其长期影响。这种方法自 1991 年被提出后,现在已经被近百个国家采用,美联储、美国国会预算办公室、日本银行、德意志银行、挪威财政部、意大利银行、新西兰财政部、欧盟、国际货币基金组织和世界银行都采用这套核算体系来分析财政政策和养老保险改革。Auerbach 等(1992)对美国的社会保障方案进行了四种模拟,考虑不同的改革方案对美国财政政策代际平衡状况的影响。Phil 等(2000)用代际核算方法分析了英国 1988 年颁布的养老保险绿皮书对英国公共财政可持续性的影响,并提出了解决英国财政跨期偿付能力的方案。Robert 等(2010)用代际核算方法模拟了匈牙利的养老保险改革。

代际核算方法的基本依据是政府的代际预算约束式,即政府将来所有消费的现值减去政府现在的净财富必须等于现存所有代的社会成员在其剩余生命周期内缴纳的净税支付总额的现值与未来所有代的社会成员在生命周期内缴纳的净税支付总额的现值之和,用公式表示为:

$$\sum_{s=0}^{D} N_{t,\,t-s} \sum_{s=1}^{\infty} N_{t,\,t+s} = \sum_{s=t}^{\infty} G_s (1+r)^{t-s} - W_t^g \quad (2\text{-}1)$$

北京市常住外来人口养老基金收支测算研究

$N_{t,k}$ 是 k 年出生的一代在 t 年的代际账户,即 k 年出生的一代在 t 年以后(包括 t 年)以剩余生命周期内净税支付额的精算现值。D 是定义的最大寿命。因此,公式等号左边第一项是现存所有代的代际账户和,等号左边第二项是未来所有代的代际账户值,G_s 代表 s 年政府的消费,r 是贴现率;等号右边第一项是政府所有将来消费在 t 年的现值,等号右边第二项是政府在 t 年的净财富。

国内学者构建数理模型对养老保险基金平衡进行量化分析。王鉴岗(1999)从收支平衡角度提出了现收现付制、基金制和混合模式下养老基金平衡的数学公式;王晓军(2001)对城镇职工养老保险制度长期精算平衡状况作出分析;邓大松等(2001)构建了部分积累制下社会养老保险基金平衡精算模型,并对其敏感性进行实证分析;原俊青等(2003)在王鉴岗的研究基础上提出了现收现付、完全积累和部分积累下的连续精算模型,讨论了基金平衡的条件;周渭兵(2004)采用总体法对部分积累制下我国社会养老保险基金平衡进行研究;王鉴岗(2005)进一步研究了在"现收现付制、完全基金制、部分积累制"三种基金筹资模式和"按社会平均工资、退休前工资的一定比例、个人账户储存额的一定比例"三种养老金计发方式的不同组合情况下,如何构建九种养老保险基金收支平衡模型,并分析了利率变动对基金平衡的影响;蒋云赟(2007)研究了养老保险个人账户调整对我国财政体系代际平衡状况的影响;张思锋等(2007)应用总体法构建了引入省际人口迁移因素下 2001—2050 年陕西省基本养老保险基金收支精算模型。

就外来人口养老保险的测算上,冯俏彬和才进(2010)假定单个农民工按照某地政策参保,分析了输入地与输出地之间因政策差异而导致的农民工养老待遇差异,建议建立全国统筹、城乡一致的养老保险制度。赵坤(2010)利用 SIC-GE 模型对 2009 年公布的农民工养老保险政策进行了模拟,指出现行政策在促进农村劳动力转移和保障农民工权益方面只能起到比较有限的作用。

四、国内外来人口社会保障体系研究述评

(一)外来人口社会保障缺失研究

学者们围绕外来人口(大多数文献采用"流动人口"这一称谓)社会保障的缺失展开了多个维度的讨论。如由于社会保障缺失,我国城市外来人口各类保险的购买率普遍偏低;参保率与社会保险制度、企业因素、收入水平和外来人口自身等因素之间具有显著的相关性(孟艳,2011);在现行的社会保障地方分权体制下,存在着城市社会保障城市的"本地—外来"分割,表现为外来人口,包括外来非农人口的社会保障缺失;社会保障地方分权的背景是城乡和区域发展不平衡(张展新,2011)。

(二)流动人口的特点及其对社会保障体系建设的需求

对于中国流动人口特点的研究可以追溯到 20 世纪 80 年代,当时的研究主要针对人口流动带来的正、负效应以及政府管制力度的强弱(王建民、胡琪,1988;张庆五,1989;廖世同等,1989;周林刚,2008)。通过对近 30 年的人口流动分析,许多学者都对流动人口的一些特点做了集中的概述:现阶段的流动是以流动人口为主体,举家迁、"夫妻同行式"这种家庭式迁移呈上升趋势(陈敦贤,2005);农民的流动表现为先有身份的移动,然后才是职业

的流动(李强,1999);流动人口年龄结构以青壮年为主,从业领域主要是体力劳动为主,处于次属劳动力市场,具有回流及两栖性(李强,2004;雷华北,2006);流入地高度集中,以东南沿海省份为主(陈敦贤,2005);学历水平主要以初中文化程度为主,整体学历水平比农村常住人口学历水平高,但比城镇常住人口学历水平低(程海峰,2005);滞留时间长,大有扎根趋势(欧阳雪梅,1996);流动人口群体内部已经分化,出现了不同的层级;流动人口正在完成代际转换,改革开放以后出生的第二代流动人口已经成为主体(郑功成等,2006);张秦(2011)以深圳社会保障的现状作为出发点,试图探讨如何能更好地完善流动人口的社会保障制度并给出相关建议。

基于以上特点,郑功成、郑秉文等学者一致认为流动人口的社会保障制度建设应该具有便携性特征,或者在制度的覆盖面上应该要广,在最大限度上满足他们的高流动性,制度设计不能一刀切,要根据不同类型的群体作出一定的弹性设置,在追求统一性的同时保证一定的灵活性。

(三) 流动人口社会保障现状研究

流动人口的企业补充保险、职工互助合作保险、商业保险的参保率更低,分别只有2.9%、3.1%和5.6%(舒迪,2004)。全国流动人口中没参加任何保险的占72.82%,在余下27.18%参加保险的流动人口中,9.41%参加了基本养老、基本医疗和失业这"三险"中的一项,7.07%参加了"三险"中的两项,10.70%参加了全部"三险"(段成荣、杨舸,2008)。

通过对现状的剖析,郑功成将现在的流动人口社会保障状况概括为缺、乱、损三个字,当然,2011年7月1日实施的《社会保险法》解决了很大的问题,但社会福利和社会救助仍然存在这个问题。郑秉文认为,现行的流动人口社会保障制度已经走向"碎片化"。

(四)影响流动人口获得社会保障的因素研究

1. 利益博弈

现今流动人口社会保障制度的障碍根源在于"财政分灶吃饭、基金独立核算"。正是由于分割的地方财政扭曲了地方政府的行为,阻碍了社会保障的转移,使得转出地政府的"经济人"行为成为制度安排的必然结果(郑秉文,2007),因此,虽然2011年7月1日实施的《社会保险法》规定外来人口社会保险关系可以转移,但实施效果并不好。国家人口和计划生育委员会流动人口服务管理司出版的《中国流动人口发展报告2011》,对流动人口的生存发展状况、流动人口社会融合、人口流动迁移与城镇化、流动人口基本公共服务均等化、区域人口与经济社会协调发展等问题进行了深入分析,并就《社会保险法》实施给流动人口社会保障可及性做了正面评价。

2. 社会保障制度设计自身引致的障碍

一方面,为国有企业改革建立的基本养老保险制度不适用于流动人口,15年的缴费规定在某种程度上迎合了流动人口的短视心理,成为"迫使"和"诱导"流动人口退保的一个推力和借口。另一方面,我国目前社会保障制度被分割为城镇社会保障制度和农村社会保障制度两部分,缺乏相应的衔接。以流动人口为代表的流动人口社会保障既可以归为城镇社会保障又可以归为农村社会保障,但两者的可行性都不大,"便携性损失"依然存在(茹克娅等,2008;刘传江、程建林,2008)。另外一些学者认为,导致流动人口难以获得公正的社会保障的原因在于,现行制度的"大统筹小账户"引起的个人缴费激励过小和关系难转移、总缴费费率过高致使企业逃避参保、社会保险关系与劳动关系结合太紧密阻碍了社保账户的流动性等(葛延风,2007);外来人口作为一个特殊群体参加社会保险,目前存在着医疗、养老缴费基数和比例偏高、层次档次单一等问题(李红生,2011)。

3. 社会保障制度之外的一些影响因素

流动人口,特别是农民工,他们自身没有把享受社会保障作为基本人权对待,没有足够的维权意识,这也在一定程度上延缓了制度的规范性建设(宋宝安,2007);一些学者的调查发现,性别、合同情况和教育程度与流动人口是否获得社会保障制度有着紧密的联系(姜向群、郝帅,2008)。职业特征、家庭特征和政府规范程度也会影响流动人口的社会保障需求①。

(五) 流动人口社会保障体系建设的路径研究

在关于流动人口社会保障制度的内部建设问题上,学者们的观点主要集中在制度建立的时机选择、结构层次和模式等关键点上。在时机选择上,曹正民(2007)从城市化和工业化进程加快的前提出发,认为建立流动人口的社会保障机制越早越好,以减轻社会的负担成本;陈敦贤(2005)认为流动人口(特别是农民工)社会保障制度建设应按照轻重缓急的顺序,突破口在于工伤保险,

---

① 尹志锋、郭琳、车士义:《流动人口的社会保障状况及影响因素分析——基于 2006 年北京市的微观数据》,《北京科技大学学报(社会科学版)》,2010 年第 2 期。

其次是医疗保险(重点是大病或疾病住院保障机制),然后是社会救助和社会福利,最后才是养老保险和住房保障等。

在结构层次和模式选择的问题上,程海峰(2005)认为,流动人口社会保障体系的构建必须具有灵活性。应为流动人口建立完全的个人账户模式,流动人口所缴纳的社会保障基金均以个人账户的形式存在,当流动人口需要流动时,其个人账户应该跟随他一起流动。雷华北(2006)提出建立全国统一的"个人账户与集体账户弹性结合"的新型流动人口社会养老保险模式,走不同于城市和农村的"第三条道路"。郑功成认为,流动人口的社会保障制度建设应该坚持分层、分类的方法。例如,在对待城市流向城市或者乡村的居民、已经城市化的乡村流动人口、季节性出来务工的乡村流动人口三类群体时,应该保持制度的多元化。同时,他鼓励从现在起就明确流动人口以分段计算养老金权益的政策[1]。姜向群、郝帅(2008)通过实地调研分析指出,可以建立一套针对流动人口的相对独立的养老保险体系,以较低的缴费率和较低的工资替代率把他们包括在养老保险体系之内,并且实行全国统筹。褚福灵(2008)提出要实现全国社会保险"一卡通",在全国范围内共担社会风险,进而防止社会保险制度的"地区性失灵"。郑秉文(2010)通过对欧盟政策的分析指出,流动人口的社会保障制度建设,要扩大个人账户的比例,以实现统一制度的目标;要警惕"缴费型"养老保险制度"碎片化"倾向;提倡采纳"名义账户"制度,实现个人生命周期的"缴费阶段"与"受益阶段"的互补。

---

[1] 薛小和:《分层分类保障流动人口的权益——访中国人民大学劳动人事学院郑功成教授》,《经济日报》,2001年11月29日。

配套设施的改革研究主要涉及户籍制度和土地保障两个方面。郑功成(2009)认为,应该尽快深化户籍制度改革,有条件地打开流动人口真正融入流入地的封口,如让居住一定年限以上的流动人口可以自主选择当地户籍。户籍制度改革的着眼点在于把户籍背后所包含的福利内容从户籍身份上剥离掉,或者说,逐渐削弱户口的含金量,把福利上的差距缩小到无须借助户籍身份的转变即可共享公共服务。另一些学者(张良悦等,2008;曾祥炎等,2006;马小勇等,2004)认为,促进流动人口市民化的制度创新,必须构建一种以放弃承包土地来换取全面享受城镇居民社会保障利益的机制,消除迁移者的退出之虑,实现劳动力的永久转移。樊小钢(2004)也指出,作为对土地保障功能的替代,这部分流动人口在享受城镇居民社会保障利益的同时须放弃其在农村的承包土地。

(六)关于养老保险基金筹资模式选择的研究

自20世纪80年代以来,随着人口老龄化趋势的加剧,各国面临着越来越严峻的养老保险基金支付危机,旧制度难以为继。采用何种筹资模式以实现养老保险基金的长期收支平衡,已日益成为理论界研究的重点。

1958年,美国著名经济学家萨缪尔森在《政治经济学》杂志上发表文章,提出现收现付式养老金计划的"生物收益率"(biological rate of return)概念,认为现收现付式养老金计划虽然不能取得金融投资收益,但它却可以取得"生物收益",其"生物收益率"的数值约等于人口增长率和工资增长率之和。1966年,亨利·艾隆在萨缪尔森"生物收益率"概念的基础上又进一步指出:

只有当人口增长率和工资增长率之和大于市场实际利息率时,现收现付式养老金计划才可行。随着世界各国人口老龄化程度的不断发展,现收现付制养老体系出现收支难以平衡的问题。经济学界有人主张逐步放弃现收现付制,建立部分积累制,甚至基金制。以美国哈佛大学费尔德斯坦(1974)为代表的经济学家支持由现收现付制向基金制的转轨,他认为现行的现收现付制的养老保险系统减少了经济中的储蓄,降低了资本存量,减缓了经济增长,体制转轨不仅能够解决养老保险体系面对的财务困难,而且会增加资本积累,加快经济增长,提高人民福利。罗伯特·巴罗(1974)构造了一个具有利他主义因素的生命周期模型,认为由于利他性和遗产动机的存在,必然导致私人储蓄意愿的增强,所以现收现付制对国民储蓄率的影响是中性的。

北京大学中国经济研究中心宏观组(2000)通过一个宏观增长模型比较了现收现付制和基金制两种养老保险制度的差别,认为从经济增长角度看,积累制优于现收现付制。在对转轨的经济效应研究方面,袁志刚(2001)的研究表明养老保险体系无论是采用现收现付制,还是采用基金制,只要一个经济的最优储蓄率能够得到保证,养老金增长的物质基础是完全一样的,即养老金获得增长的物质源泉只能是下一代就业人口的增长和他们劳动生产率的提高。因此,养老保险制度由现收现付制向个人积累制过渡,经济效率就可以得到改进,此时,养老体系的转轨就是一种帕累托效率改进的改革。陈建奇(2006)通过比较现收现付制和基金制养老保险制度在不同经济条件下的适用性,探讨了我国当前的统账结合的部分积累制养老保险制度,并结合现阶段国内经济动态效率评价,得出结论:当前我国实施的养老保险制度是合理的,而且有助于社会福利的帕累托改进,但从长远来看却必须逐步转型。

程永宏(2005)构造了一个模型,详细分析了现收现付制与人口老龄化的关系,得到的结论则是现收现付制比基金制更具有优越性。刘昌平(2002)通过对再分配效应、经济增长效应和风险性进行对比分析,发现两种制度存在截然相反的优点和不足,但这两种制度又具有天然的互补性,因此他认为在改革过程中应当考虑这两种制度的搭配,以期保持未来目标阶段内基金收支的良好发展,达到基金的长期可持续性平衡。王鉴岗(2005)按照筹资模式和养老金计发模式的不同将基金收支模式分为九种,分析了利率对各种基金模式的影响,指出在我国"统账结合"和部分积累的基金收支模式下,按平均工资一定比例计发的养老金和按个人账户储存额一定比例计发的养老金组成适当的组合,可以把利率对基金收支平衡的影响缩减到最小。

(七) 关于养老保险基金收支平衡的实证研究

在我国养老保险基金收支平衡的实证研究方面,财政部社会保障司的研究员路和平、杜志农(2000)建立了一个浅显易懂的基本养老保险基金收支预测模型,对我国 2000—2050 年基金收支情况进行了预测分析,通过模型测算得到我国将会在 2028 年出现养老保险基金的首次赤字,赤字额为 3 089 亿元,并预测在 2050 年将会出现累积赤字 62 亿元,然后在对基金收支平衡相关因素分析的基础上,从宏观角度作出了几项政策建议的分析。

王鉴岗(2000)在建立一个给定目标期间的基本养老保险基金收支平衡模型的基础之上,通过分析后指出影响养老金收支平衡的因素较多,除缴费率、替代比例、退休年龄、工资增长率和养老金增值率、通货膨胀、养老金计发办法等基本因素外,人口迁移、失业等也会对养老金收支平衡产生影响,但是他的分析以定性描述居多。

叶耀华等人(2001)在分析了养老保险基金收入与支出的结构情况及其主要影响因素后,重点分析人口的年龄结构变化趋势,并基于这些主要因素建立基金余额的数学模型,利用该模型可以对基金的运营情况进行预测,对基金运营的参数进行敏感性分析。邓大松(2001)在对已有模型进行修整的基础上,通过构建养老保险制度社会统筹账户基金缺口模型和个人账户基金平衡模型,研究了统筹账户基金缺口敏感性和个人账户基金社会平均工资替代率敏感性,找出了影响统筹账户基金缺口和个人账户基金社会平均工资替代率的因素。

王晓军(2002)运用精算科学方法,在对养老金制度隐性债务和转轨成本的意义、估计方法进行研究的基础上建立模型对我国养老金制度转轨的债务水平进行了估计,对未来50年养老金制度债务水平的积累趋势进行了预测,并在2006年运用养老保险精算模型,对31个省区市的养老保险的历史债务进行测算,对各省区市养老保险待遇和负担水平、人口结构等进行了分析,探寻各省区市养老保险基金平衡情况及其之间偿付能力差距,并且对较具代表性的广东省、吉林省、陕西省三个地区的养老保险基金短期精算情况作了比较分析,得出了我国不同地区养老保险的参保人口和基金收支差距很大、巨大差距阻碍养老保险全国统筹进程,以及不同地区养老保险历史债务存在的差距是各地基金收支和偿付能力差距的重要原因三个方面的结论和建议。

马娟(2003)利用保险精算技术方法,构建了一种能够详尽描述和精确模拟新政策下养老保险基金平衡运营的数学模型,为我国养老保险基金运营相关问题的研究提供一种实证分析手段,并指出在实际运用中,由于现有数据的可靠性较弱,使模拟预测和敏感性分析偏差会较大。

王积全(2004)针对我国养老保险基金出现的收不抵支等现实存在的问题,在构建精算模型时引入了收缴率、工资比率等现实因素,并结合兰州市的抽样数据对国家、企业个人各自的负担比例进行了精算分析,对现行制度下蕴含着的未来"基金缺口"进行了测算,并对各因素变量进行了敏感性分析,找出了影响统筹账户基金缺口的各项因素,并提出了相应的若干对策建议。

周渭兵(2005)没有将社会统筹账户与个人账户进行区分,只是针对基金整体收支状况构建了相应的精算模型,分析了在社会养老保险基金达到长期平衡状态时,基金的缴费率、替代率和退休年龄等变量之间的关系。

陈迅等(2005)指出现行的基本养老保险制度下的社会统筹基金存在很大的收支缺口,并认为随着人口老龄化高峰期的来临,基金缺口将逐年扩大。解决这一问题需要调整基本养老保险制度以实现基金收支的大致平衡。其根据基本养老保险基金平衡模型测算出相关变量对收支平衡的变动情况,并测算出近期和远期的平衡状态。

徐佳、傅新平(2007)等学者在《新政策下养老保险基金收支平衡影响因素分析》中指出,新政策的一个重要目标是扩大养老保险覆盖面和做实个人账户,这样有利于逐步缩小基本养老保险基金缺口,实现收支平衡甚至结余。为此,新政策首先对账户结构进行了调整,并将城镇个体工商户和灵活就业人员纳入了城镇职工养老保险体系中,扩大了养老保险的覆盖面,又提高了覆盖率,即尽可能增加养老保险费实际缴费人数。傅新平(2007)等人利用 EXCEL 建立精算模型,对养老保险新政策下养老保险基金的收入和支出进行了测算;对比新旧制度下养老基金的筹集与发放,预测了老人、中人和新人三类人在新政策实施后各自退休金的变化情况以及新政策下我国养老保险基金未来的收支状况。

于洪、钟和卿(2009)通过对我国 GDP 和职工平均工资增长速度设置三种不同假定条件,来预测和分析我国基本养老保险制度可持续运行的能力,并提出了积极推动宏观经济又好又快发展、加大财政补贴等四项促进养老保险制度可持续发展的有效措施。

刘昌平、殷宝明(2011)在《中国基本养老保险制度财务平衡与可持续性研究》中采用"到期债务"定义,按照国发〔2005〕38 号文件形成的制度模式,通过构造公式测算了基本养老保险制度的隐性债务、转制成本理论值以及基金缺口的期限结构,做实个人账户真正实现了"统账结合、分账管理、实账运行";社会统筹账户基金缺口规模被有效降低,偿债周期可以接受;社会统筹账户是一个精算盈余的制度安排,缴费率存在下降空间;参保率和缴费基数对基金缺口规模的影响很大,应进一步提高参保率和严格规范缴费基数。政府应通过财政补贴、划转国有资产、做大全国社会保障基金等方式,科学合理地规划 2006—2026 年清偿转制成本的具体战略。

(八) 关于养老保险基金收支缺口责任承担和弥补途径

关于基金缺口责任的承担以及通过何种途经弥补缺口等问

题,学者们的观点既有共识也存在着争论,两种对立观点归纳起来有以下六点。

1. 部分国有资产变现充实养老保险基金

赞同这种观点的学者孙祁祥(2001)认为转制成本应当由政府来承担,而不应当让企业和个人来承担,否则就是不公平的。当前国有资产中的一部分本身就是养老金债务形成的,减持国有股一方面可以充实基本养老保险基金,另一方面还可以盘活国有资产。但是,何平(1998)认为这样的做法存在着负面效应:一是不大符合公平原则,因为事实上国有资产并不是单由国有职工创造的,而是全社会劳动者的共同成果,只把它们用于充实国有职工的空账,对其他中老年农民、士兵、教师等都是不公平的。二是不符合效率原则,因为中国进行国企改革,如果一次性切除这么大的国有资产,势必给中国经济发展速度带来消极影响。

2. 政府财政转移支付

贾康(2000)认为,如何减少直至消除养老保险隐性债务是我国实现养老保险制度健康、有序运行的关键。其就通过调整财政支出结构减少养老保险隐性债务提出几点政策建议,如可以通过调整预算支出结构来压缩行政管理费支出,提高社会保障支出的比例,通过发行社会保障长期债券、社会保障费改税、征收特种消费行为税、遗产税和个人所得税充实社保基金。而王海江(1999)认为财政补偿不适合成为我国支付转制成本的主要方式,因为我国目前的经济发展水平低、经济承受力差,我国长期实行赤字财政,财政平衡的压力越来越大。如果以财政补偿为主要手段,会引起财政赤字上升,很有可能带来增税或通货膨胀等责任转嫁风险,影响经济健康发展。李绍光(2004)认为养老保险基金的隐性债务可以通过划拨国有资产等方式来解决,并提出了解决的各种可行性方案及运行方式,给解决这一问题提供了思路。

3. 扩大保险覆盖面

郑功成(2000)针对中国养老保险制度改革依然面临的许多问题,认为应当修正改革路径,主张将养老保险广覆盖与制度多元化相结合。其认为扩大养老保险覆盖面一方面可以增加基金收入,另一方面又可以增大基金总量和调剂空间,符合保险大数经营法则。但是张松(2003)对此存在截然相反的看法,认为不能单纯为了消化转制成本而强制性扩大养老保险覆盖面。因为在旧制度下,养老金债务已经凝聚在国有资产中,把覆盖面扩至非国有制企业,让非国有制企业来分担转制成本,这不公平。

4. 降低养老金替代率

沈士仓(1999)认为目前我国社会养老保险基金的筹资既存在着企业缴费负担过重、工资替代率高和筹资面窄等方面的问题,又面临着人口老龄化、支出需求激增和历史欠债大以及缺乏基金积累等风险。目前我国养老金替代率为80%左右,国际上其他国家大多只有40%—60%。因此,降低养老金工资替代率可以节省开支,同时又可以减轻企业、个人负担,提高征缴率。但是贾洪波(2005)分析了基本养老金合意替代率、潜在替代率和实际替代率,并在此基础上提出了基本养老金替代率的优化条件,分析了基本养老金实际替代率、合意替代率和潜在替代率的对接。其认为,我国长期实行低工资制、高替代率,并不意味实际基本养老金就很高,因此短期内没有可能立刻大幅度降低基本养老金实际替代率。

5. 提高退休年龄

王鉴岗(1999)在分析养老保险收支平衡的难题的基础上,提出了分步提高退休年龄的对策。其认为在平均寿命和保障水平一定的情况下，退休年龄提高，平均享用养老金年限就缩短，养老金总负担就降低，适当提高退休年龄能为我国经济的发展提供更大的余地。符齐华（2004）在分析提高退休年龄对我国社会的积极和消极影响及其对企业正负面影响的基础上，认为它会在侧面减少社会可供给岗位，造成失业保险金的支出，养老保险金支出的减少只不过是转嫁给失业保险制度，对于国家的负担并没有改变。

6. 基金营运保值增值

项怀诚（2006）认为国家面临基本养老保险不健全、覆盖面窄、历史包袱较重的严峻挑战，因此，必须充分发挥社会保障基金的作用，并积极促进我国社会保障基金管理的创新与发展。而目前我国的基本养老保险基金严重缺乏，在现有的经济水平和已经过高的缴费率基础上，我国已经不可能通过大幅提高缴费率来弥补基本养老保险基金的不足，只能在现有的基础上，不断提高基本养老保险基金的管理水平和探索新的运营模式，以保证基本养老保险基金的保值与增值，从而在一定程度上减轻国家对养老保险的负担，达到养老保险基金的收支平衡状态。而袁志刚（2001）在关于中国养老保险体系转轨及其均衡运行的几点思考中，提出中国基本养老保险基金要在长期内保值增值并保证其营运安全，关键是需要具备良好的养老保险基金营运公司、安全可靠的金融市场以及严密的法律监管体系，而我国目前资本市场尚不健全，基金长期营运风险很高，比如通货膨胀风险、经济周期风险和资本市场的泡沫风险等。很显然，我们目前还不具备实现养老保险基金保值增值和安全营运所需要的条件。

五、国外研究现状

养老保险是社会保障中最重要的制度，目前，全球170多个国家或地区中已经有50多个国家或地区步入老龄化行列，有138个国家或地区在区域范围内建立了不同类型的养老保险制度。随着人口老龄化进程的推进，资金困境成为世界各国养老保险制度面临的共同问题，养老基金赤字增加、社会公平与经济效率的矛盾、国家财政不堪重负等现象都日益表面化、公开化，养老保险制度遭受到了前所未有的挑战，很多国家因此进行了养老保险制度改革，以克服困境。实践使得国外学者对养老保险的研究文献十分丰富，与本书相关的内容主要有三大方面：一是关于养老保险基金筹资模式的研究；二是对养老保险基金收支平衡的精算模型分析；三是国外一些学者对中国养老保险基金制度改革的研究。

（一）关于养老保险基金筹资模式的研究

在养老保险基金筹资模式方面，国外学术界对现收现付制和完全基金制这两种筹资模式的优劣争论不一。Fleurbaey、Michel（1992）对现收现付制的研究较具代表性，认为强制性的养老保险实际上是一种代际合同，认为在现收现付制度模式中，当期的在职职工分别与上一期和下一期的职工形成一种实际上的合同关系，上一期退休人员的养老金来自当期在职职工缴纳的保险，而当期的在职职工给上期职工支付养老金是因为在他们退休后，他们的下一期职工将会缴纳保险以给予他们同样的养老金支付。

北京市常住外来人口养老基金收支测算研究

Kotlikoff、Shoven、Spivak(1986)认为,在养老保险领域存在信息不对称和逆向选择,私人保险部门不愿意提供或提供的养老保险定价过高,因此,政府强制推行的养老保险制度有助于克服这些市场失灵因素,有助于养老保险风险在横向不同社会人群间和纵向不同代际间的分散。

世界银行(1998)认为现收现付制具有代际转移支付的性质,随着老龄化的发展,社会保险费支付的负担会日益沉重,会导致政府财政赤字膨胀,从而引发养老金支付危机。

Nicholas Barr(2000)则论证了基金制同样不能解决人口变化带来的冲击,因为人口变化带来的根本问题是整个产出的下降,如果养老金领取者的消费需求超过工人的储蓄需求,商品市场上物价的上涨会降低养老金领取者的年金购买力,资本市场上的供给过剩则会引起资本价格的下降,导致以后的年金也相对减少。

在人口老龄化的冲击和经济危机、通货膨胀等多重因素的影响下,当前实行这两种模式的国家也普遍出现了基金收支不平衡的问题或基金收支危机,因而很多新的理论研究也应运而生,比较有代表性的是Davis(1998)在系统地对比现收现付制与基金积累制后得出了应当建立一种混合形式的养老保险制度,以实现现收现付制与基金积累制的均衡,在这一制度中,现收现付制主要保障人们的基本生活需求,基金积累制主要作为基本养老金收入的补充,从而可以有效地降低养老保险基金在保值增值、支付等方面的风险。

哈佛大学教授Feldstein(1974)等使用数学工具和经济计量工具,研究了现收现付制对私人储蓄的负面效应,并认为引入基金制的养老保险体系将有效激励提高私人储蓄水平,促进经济效益的提高。Feldstein(1999)以美国为例,认为在老龄化问题越来越突出、养老负担也越来越重的情况下,养老保险制度要由现收现付制逐步过渡到以个人基金制为主的体制,一般有三种途径:第一种是就业人口养老金缴纳比例上升;第二种是养老金替代率下降;第三种是推迟退休年龄。世界银行2001年出版的《关于老年保障的新意见》也对退休金制度的改革提出了建议,鼓励各国提高法定领取退休费年龄、取消和减少对提前退休的经济刺激等措施以实现养老保险基金的长期收支平衡。

Echevarria和Iza(2006)针对人口不断老龄化对养老保险制度和经济增长的影响所做的分析表明,在有基本养老保险的前提下,预期寿命的增长会降低人均GDP的增长,因为参与经济活动的人口比重下降了,同时人口老龄化导致养老保险费率上升,也降低了人均GDP的增长率。

Barr和Diamond(2006)的研究表明,由现收现付制下的养老保险制度向基金制下的养老保险制度改革可能会增进福利,也可能不会增进福利,改革的成败取决于各国的实际国情。对任何养老保险制度改革的评价不仅要考虑改革的成本,还要考虑不同形式的养老保险制度安排下的风险、行政成本以及同代内部和代与代之间的分配效果等各种因素,而不是简单地比较现收现付制和基金制两种养老保险制度下的经济运行状态。不论是现收现付制还是基金制下的养老保险制度都是有多重的目标,在制定政策时,要科学合理地权衡各个目标的权重,以使制定的制度有可行性。

(二) 养老保险基金收支平衡的精算模型分析

养老保险基金的精算模型分析是养老保险基金平衡理论中

的重要组成部分,关于基本养老保险基金收支平衡问题大部分集中于收支平衡的精算分析上,也有一部分以定性分析为主。

在研究基金制年金精算现值方面,很多学者采用了回归分析法。Frees E.W.(1990)研究了可逆 MA(1)利率下的生存年金精算现值。Buhlmann H.(1992)研究了利息力独立、同正态分布时生存年金的 1 阶、2 阶矩。Haberman S.(1997)在企业年金保险中得到利息力满足稳定自回归 AR(1)模型时的生存年金精算现值模型。Dhaene J.(1998)在 Haberman S.的研究基础上进一步研究了利息力满足稳定自回归 AR(2)模型时矩母函数的性质,得到了生存年金的 1 阶、2 阶矩。Zaks A.(2001)进一步研究了条件稳定 AR(1)利率模型下利息力的统计特性及生存年金精算现值的峰度、偏度表达式。

Rither(1936)讨论了影响老年保障成本估计的各种精算假设因素:人口预测、缴费人口、覆盖人口、年均工资、养老收益支付等,并对老年保障计划的储备余额做了估算。Barrientos(1966)指出智利原先的养老金体系是在面临财务严重不平衡、赤字的压力下进行改革的,造成这种财务不平衡、难以支付养老金债务的压力主要有:过于慷慨的给付承诺、财政上的管理不善,以及老龄化的不断加快等。Gronichi 和 Aprile(1998)认为,在财务平衡上,一个现收现付制养老金体系将提供一种收益与缴费率相关的收入增长率或合理的变量,这种基于缴费提供收益的机制使得养老金产出明确化,可以对养老金系统的可持续性做检验。Sayan 和 Kiraci(2001)在考虑缴费和替代率以及法定退休年龄下,讨论减少公营现收现付养老金赤字的可选策略,运用了筹资困难的土耳其养老金计划做模拟分析,构建养老金赤字平衡指标,以消除赤字。Klumpe S.和 Whittington(2003)比较了不同国家公司财务报表中养老金成本计算方法的差距,不同的精算方法被用于估计养老基金的资产和债务,得到不同的反映养老金制度运行的养老金成本。

国外还有许多学者(Keyfitz, 1985; Arbur W., 1992, Pennacchi, 1994; Niggemeyer, 1995; Oueisser, 1995; Willmot, 1996; Blake D., 1998; Pyungsuk, 1999; Pennacchi, 1999; Bacinello A.R., 2000; Haberman, 2001; Dorfman, 2003; Ricardo, 2004)利用精算学,采用国外完全积累制养老保险的费用精算成本法和给付精算成本法,以发达的资本市场和成熟的金融体系为前提,对养老保险基金平衡建立模型进行了研究。

由于中国实行的养老保险制度是首创的部分积累制,与国外实行的现收现付制或完全基金制都有所不同,国外的理论成果并不能够直接套用在我国的相关问题中,但是国外的研究为我国的部分积累制养老保险基金平衡研究提供了非常宝贵的方法借鉴。

(三)关于中国养老保险基金制度改革的研究

中国养老保险制度改革问题也引起了国外一些学者的关注,Friedman 和 Hausman(1998)研究了中国的社会保障改革历程,并对养老保险基金在内的各类社会保障进行了具体分析。

Feldstein(1998)在对我国实行的定额给付的现收现付制与定额缴费的基金制的养老保险计划进行平衡性、收益性对比研究的基础上,肯定了我国实行由现收现付制向统账结合的部分积累制模式转变的可能性和必要性,得出中国推行部分积累制混合模式的合适性。

2004年,Feldstein又提出,养老金和养老保险缴费结构问题是中国面临的一个重要的财政问题,可以通过转换、变现资产等方式解决应该作为政府负债的转制成本。

Noriyuki Takayama(2003)对中国养老保险改革的主要问题和政策方案进行了分析,指出中国养老保险制度在框架设计、统筹安排、执行情况等各个方面存在的问题及其对养老保险基金平衡的影响,认为主要问题是基金收支赤字、制度安排与执行、制度设计与覆盖面等,并建议中国政府在养老保险制度的设计上可以考虑通过包括税收优惠在内的缴费激励等手段措施来增加活力与参保积极性,加强管理,以此解决中长期养老保险基金不足的问题。

六、研究现状及趋势

从上述国内外学者研究中可以发现,养老保险平衡问题越来越被重视与广泛关注。国外丰富而深厚的养老保险制度研究给我国养老保险平衡问题的解决提供了一些思路与方法,我国在养老保险基金精算方面也一直借鉴国外相关模式。但由于各个国家的具体情况不同,我国的养老保险制度必然会在模式设计、组织结构、管理方式等方面有其自身的特点。

大部分的国内外学者都对养老保险基金平衡问题十分担忧,并通过模型预测在未来二十年左右的时间内,我国绝大多数地区可能会出现养老保险基金的赤字问题。一些学者对于此问题提出了框架性的构想与建议,但尚缺乏较为详尽的提议与研究。在关于常住外来人口的基本养老保险基金研究中,国内学者大多集中于理论分析层面,相关研究非常缺乏。

通过对国内外养老保险研究的相关文献的综述,得出国内外研究现状及趋势如下。

(一)国外对养老保险的研究起步较早

从现收现付制和基金积累制的选取,到完善投资资产组合以保障养老保险基金收益率,各国学者都有深入广泛的研究,而且多数是运用定量的模型分析研究社保基金的投资运营或资产配置效率问题。我国关于社保基金投资及其风险的研究还不完善,虽然相关文献论文不少,但大部分都是资料性的文献,而且大都采用定性分析,很少运用定量的模型分析,因此缺乏说服力。

(二)学术界关于外来人口养老保险有一些基本共识

通过对国内外文献的综述和分析可以得出,学术界在下述问题上已经基本达成共识:社会保障基金必须进行市场化运营才能实现保值增值;社保基金必须实行多元化投资组合策略;在实践方面,对社保基金的投资渠道与投资方式以及投资资产组合的配置还在探索研究之中;对社保基金的风险控制和金融创新等问题也还在尝试之中;对是由政府机构还是金融机构管理投资、投资管理集中分散程度、是直接投资还是委托他人代为管理投资等问题还处于争论中。

(三)关注人口老龄化对养老基金的挑战

对于面临的人口老龄化压力,目前国内外学者的主流观点是主张遏制提前退休、推迟法定退休年龄和实行弹性退休制度。但这些研究大多是通过退休年龄的变更来核算养老保险体系的收支平衡，从退休人员角度探讨退休年龄对养老金的影响方面的文献则很少，而且没有全面思考其他可以替代延长退休年龄的可行方法。

（四）模拟方面较少

国内学者主要还都是运用精算模型进行测算模拟，很少出现运用计算机实现随机过程模型的仿真，定量分析方法和仿真模拟方法将成为未来研究养老保险的一个趋势。

第三章
北京市外来人口社会保障体系建设影响因素统计研究

一、调查数据及外来人口社会保障体系状况

(一) 调查数据分析与说明

2011年7—9月,项目组对北京外来人口集聚的朝阳区、丰台区、石景山区、房山区、通州区、顺义区、昌平区、大兴区八个区进行了外来人口调查,共收集有效问卷420份。被调查的外来人口平均年龄33.9岁,年龄中位数为33岁,其中20—45岁的外来人口占总体的76%。从性别构成来看,男性外来人口占总体的59.5%;女性占40.5%。被调查对象以已婚者居多,比例达67.3%;未婚者比例为31.2%;离婚者和丧偶者比例各占0.6%、0.9%。外来人口的主力军是来自农村的劳动力。83.4%的被访者户籍为农业户口,非农业户口者仅占16.6%。在文化程度方面,被访者的文化程度以初中为主,占46.8%;小

学文化程度者占 20.8%;高中和中专/技校比例各占 8.6%和 4.0%;本科和大专以上的比例占 15.4%和 4.2%(这可能和样本选择了朝阳、石景山、丰台区有关)。从就业的行业分布上看,主要集中在四大行业:建筑制造业比重最高,占 30%;其次是批发零售业,就业达到了 26.6%;位于第三的是住宿餐饮服务业,占 15.9%。这三个行业集中 72.5%的外来人口。第四位的是现代服务业(如传媒、信息传输、计算机服务和软件行业),此行业的外来人口占行业就业总量的 19.1%,由此可见,在京就业的外来人口不仅集中在第二、第三产业,在现代信息技术产业,如信息传输和软件业中的比重也在不断提高,因为这些人虽然具有较高的文化水平,但由于北京的户籍政策限制,所以外来人口中也有部分高学历人才。

(二) 社会保险上险率和社会保障认知率

我们将流动人口依就业性质分为批发零售业(以个体户为主)、建筑制造业(劳动密集型特征)、住宿餐饮业(以 80 后为主)、现代服务业(如传媒、信息传输、计算机服务和软件行业)四类。

由表 3-1 可知,不同就业身份的受访者的社会保险上险和社会保障认知率[①]总体为 21.08%,社会保险总体参保率为 19.17%,社会福利、社会救助认知率分别为 19.12%和 20.39%。流动人口社会保险参保率较低,对社会福利和社会救助的了解较少,缺乏社会保障意识。建筑制造业、批发零售业、住宿餐饮

---

① 社会保障上险率指外来人口参加社会保险的比率;社会保障认知率主要包括对社会保险、社会福利、社会救助的了解程度及享受社会保障待遇的能力,在这里以对社会福利、社会救助的了解程度来表示。

第三章 北京市外来人口社会保障体系建设影响因素统计研究

业、现代服务业的受访者的上险率和认知率分别为8.17%、1.56%、4.77%和87.46%。现代服务业人员以大学生为主,由于受教育程度较高,并且在正规就业单位工作,所以社保上险和认知率较高;而批发、零售等居民服务行业人员通常从事"苦、脏、累、差、重、险"且不稳定的工作,并缺乏社会保障了解渠道和受社保政策约束的空间,所以社保上险和认知率较低。通过比较,在建筑制造业、现代服务业等行业正规就业的人员社会保险参保率和社会保障认知率较高,而从事批发零售业等灵活就业的则较低。

表3-1 不同就业身份的外来人口社会保险上险和社会保障认知率

工作类型	总人数	社会保险上险和社会保障认知率	失业保险	养老保险	医疗保险	工伤保险	生育保险	社会福利	社会救助
总体	420	21.08%	17.45%	21.75%	27.63%	22.07%	19.12%	19.12%	20.39%
建筑制造业(劳动密集型特征)	126	8.17%	1.41%	5.71%	28.67%	14.08%	2.58%	1.37%	3.40%
批发零售业(以个体户为主)	112	1.56%	0.90%	3.09%	3.11%	2.41%	0.20%	0.53%	0.71%

续　表

工作类型	总人数	社会保险上险和社会保障认知率	失业保险	养老保险	医疗保险	工伤保险	生育保险	社会福利	社会救助
住宿餐饮业（以80后为主）	67	4.77%	3.04%	7.26%	12.32%	3.21%	5.71%	0.57%	1.30%
现代服务业	80	87.46%	81.90%	88.73%	88.69%	83.70%	85.40%	90.00%	93.79%
其他	35	3.41%	8.70%	3.94%	5.37%	6.95%	1.71%	3.12%	2.76%

（三）外来人口社会保障需求分析

在调查数据中，87.6%的来京外来人口把居住作为最困难的问题，90.7%的外来人口希望政府能帮助他们解决住房问题，37.6%的外来人口有住阴暗潮湿的地下室经历，67.4%外来人口居住面积不足3平方米且住在环境较差的农村住宅里。因此，外来人口对社会保障体系建设的需求首先是住房社会福利体系建设；其次是需要相关的养老、医疗、工伤、生育、失业保障，90.54%的外来人口担心生病住院，并希望住院后能够得到救助，这说明社会保险体系的建立首先应从医疗保险开始，并在社会救助中广泛开展医疗救助，防止外来人口因病致贫，并对生活失去希望。

二、影响北京市外来人口参加社会保障体系的因素分析

(一) 模型设定

我们对420个外来人口样本的社会保险、社会福利与社会救助建设进行调查。影响外来人口社会保障体系建设的因素很多,根据数据调查结果,可分别用 X_1、X_2……X_n 表示外来人口社会保障体系建设的影响因素,记为:

X_1 性别;X_2 家庭;X_3 户籍;X_4 就业身份;X_5 签订合同状况;X_6 教育程度;X_7 缴费档次;X_8 待遇水平;X_9 便携性……

类似的因素很多,不便于对外来人口社会保障体系建设的影响因素进行具体分体,所以我们采用因子分析的方法,将多个变量综合为少数几个因子,以再现原始变量与因子之间的相关关系(见表3-2)。

表3-2 总方差解释表

成分	初始特征值			提取平方和载入			旋转平方和载入		
	合计	方差的%	累积%	合计	方差的%	累积%	合计	方差的%	累积%
1	7.208	80.085	80.085	7.208	80.085	80.085	4.497	49.965	49.965
2	1.337	14.854	94.939	1.337	14.854	94.939	4.048	44.974	94.939
3	0.284	3.153	98.092						
4	0.157	1.744	99.837						
5	0.011	0.125	99.962						
6	0.003	0.038	100.000						
7	4.678E-16	5.197E-15	100.000						
8	1.737E-16	1.930E-15	100.000						
9	1.092E-17	1.214E-16	100.000						

提取方法:主成分分析。

由于前两个特征值的累计贡献率已经达到 94.939%,因此,实行方差最大旋转后的因子载荷矩阵,即正交因子表(见表 3-3)。

表 3-3 旋转成分矩阵^a

	成 份	
	1	2
X_1	0.831	0.548
X_2	0.865	0.462
X_3	0.830	0.546
X_4	0.830	0.548
X_5	0.774	0.625
X_6	−0.334	−0.875
X_7	−0.290	−0.926
X_8	−0.922	0.066
X_9	−0.188	−0.958

提取方法:主成分分析。
旋转方法:具有 kaiser 标准化的正交旋转法。
a. 旋转在 3 次迭代后收敛。

(二) 数据解读

从上表可以看出,每个因子只有少数几个指标的因子载荷较大,因此,可根据上表进行分类,将八个指标按高载荷指标分成两类,如表 3-4 所示。

表 3-4 高载荷指标分类

序 号	高载荷指标	意 义
1	X_1 性别 X_2 家庭 X_3 户籍 X_4 就业身份 X_5 签订合同状况 X_8 待遇水平	个人特征因子

续 表

序 号	高载荷指标	意 义
2	X_6 教育程度 X_7 缴费档次 X_9 便携性	制度设计因子

第一类因子定义为个人基本特征因子,因为因子中包含外来人口的性别、家庭、户籍、就业身份(如批发零售业、建筑制造业、住宿餐饮业、现代服务业四类)、家庭(含婚姻状况、配偶、子女等)等指标,但社会保障待遇水平指标也包含在个人特征因子中,这主要是因为外来人口对社会保障待遇的敏感性和弹性[①]较强。

第二类因子定义制度设计因子,因为因子中包含缴费档次、便携性等政府在外来人口社会保障体系建设中的规范程度。但外来人口的受教育程度也包含在制度设计因子中,这是因为受教育程度的高低和外来人口的户籍性质(农业、非农业)、就业身份(工人、干部)有显著的正相关关系,而在社会保障体系制度设计又与户籍、身份存在直接的关系。

---

① 社会保障待遇的敏感性和弹性指外来人口由于流动性强,收入较低,用于社会保障支付每增加一元钱而提高的社会保障待遇显著性。

第四章
北京市常住外来人口养老保险现状及发展分析

北京市作为我国的政治文化中心,在全国率先建立城乡居民养老保险制度,将市民全部纳入养老保障的范围。同时,北京也率先建立了针对外来常住人口养老保险的独特模式。

一、北京市常住外来人口特征分析

(一) 北京市常住外来人口基本情况

北京作为中国的首都,是全国生育水平和死亡水平最低的地区,也是人口流动最为活跃的地区之一。2005年1‰人口抽样调查表明,北京市常住人口总数达到1 548万人,比2000年增长了174万人,5年间增幅超过10%。人口规模的快速膨胀给北京市资源环境承载能力和社会经济发展不断提出新的挑战,其中,外来人口的迅速增多是北京市人口不断膨胀的主要原因。近20年来,北京常住外来人口的规模及所占比例增长迅速,由1990年的

54.8万人(占常住人口的5%),增长到2000年的256.1万人(占比为18.9%),2010年更是急剧增加到704.7万人,占常住人口的45.9%。

北京市人口的增长来源于常住人口的自然增长、户籍人口的机械增长及居住在北京市半年以上外来人口的增长。近20多年来,北京市人口的迁入、流入量在不断攀升,每年人口增长中机械增长逐渐占到绝对优势。20世纪80年代末期,北京市平均每年的净流迁人口在5万人左右;进入90年代以来,净流迁人数有所增加,但并不是逐年递增,而是略有波动。北京市第五次人口普查资料显示,在1990—2000年的十年间,北京市平均每年的净流迁人口为6.4万人。而北京市净流迁人口的增长主要是外来人口的机械增长所致。随着北京市经济的持续发展和人口自然增长率的下降,特别是人口进入零或负增长阶段,净流迁人口对于补充劳动力、缓解人口老龄化以及保持经济发展活力是非常必要的。但是,外来人口的迅速递增、人口总量的不断膨胀,也给北京市的资源环境和发展带来了很大的压力。

随着人口流动性的加快与北京市政治经济中心地位的日益凸显,北京市外来人口数量将呈现大幅增长态势。

然而,从全国流动人口的变动状况和城市化发展趋势来看,北京市外来人口涌入的压力并不会减轻,其规模在未来会继续扩大并且增加的速度会更快。近30年来,我国流动人口的数量一直在加速增长,而流动人口的分布变动趋势也表明,流动人口的流向趋于集中,北京吸收流动人口的数量占全国流动人口总量的份额也不断增加(见表4-1)。此外,我国城市化水平不断提高(见图4-1),按照中国城市化规划和发展进程,至2040年,预计我国城市化率将达 70% 以上。届时,流动人口的规模将不断增加,全国将近 11 亿人口将长期生活居住在城市(现在仅 6.8 亿人在城市)。大量的农村人口需要向城市转移,各级各类城市都将"消化"大规模的流动人口,在这样的发展背景下,可以预见,北京作为国家首都,作为极具吸引力的政治经济文化中心,其外来人口的规模还会继续大量增加。

表 4-1 个别年份流动人口规模及北京吸收流动人口份额数据

年 份	全国流动人口规模(万人)	北京吸收流动人口份额(%)
1982	657	2.07
1990	2 145	2.28
2000	10 229	2.54
2010	22 144	4.19

数据来源:根据历次人口普查资料相关数据整理。

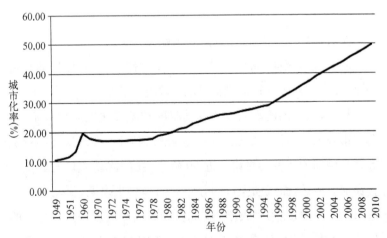

图 4-1 1949—2010 年我国城市化率的增长状况

数据来源:中华人民共和国国家统计局,《2011 年中国统计年鉴》,中国统计出版社,2011 年。

第四章 北京市常住外来人口养老保险现状及发展分析

北京市 2010 年第六次全国人口普查主要数据公报显示，2010 年北京市常住人口为 1 961.2 万人，同 2000 年第五次全国人口普查相比，10 年共增加 604.4 万人，增长 44.5%，平均每年增加 60.4 万人，年平均增长率为 4.8%，增速全国第一(见图 4-2、图 4-3)。

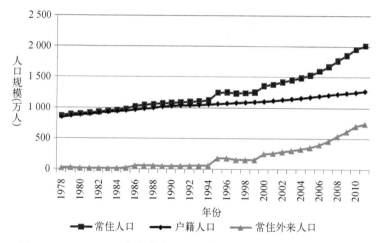

图 4-2　1978—2011 年北京常住人口、户籍人口及常住外来人口变化

数据来源：北京市统计局、国家统计局北京调查总队编，《北京统计年鉴 2012》，中国统计出版社，2012 年。

北京市外来人口的大幅度增长是发生在 1985 年之后。1985 年之前的 20 年里，北京市的外来人口基本保持在 10 万—20 万人；1985—1986 年北京市外来人口迅速由 24 万人左右增加到近 57 万人。所以在 20 世纪 80 年代初，外来人口对北京市总人口的影响还很小。如果以 1982 年为起始年，利用 1982 年第三次人口普查的年龄性别数据，以及 1982—2005 年各年的生育率、死亡率数据，模拟 1982—2005 年各年的人口变化，

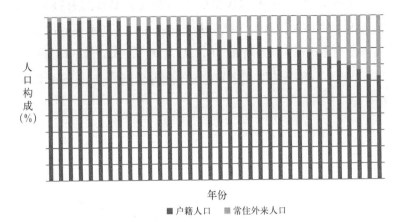

图4-3 1978—2011年北京常住人口构成

数据来源:北京市统计局、国家统计局北京调查总队编,《北京统计年鉴2012》,中国统计出版社,2012年。

然后与实际的人口数进行对比,那么可以反映20多年来迁移和流动对北京市人口的影响。1982—2005年北京市人口的模拟值与实际值之间差异越来越大。在没有迁移的条件下,北京市在1995年就会达到人口的峰值,城市人口规模为1 014万人;之后就开始进入负增长。但实际上,在人口迁移、流动的作用下,北京市的常住人口早在1986年就超过了1 000万,其后也一直表现为迅速膨胀之势。

外来人口直接影响北京市人口的分布和聚散。北京市人口的迅速膨胀,在地理空间上并不均衡,表现为空间分布的相对集中化和郊区化趋势。根据2005年1%人口抽样调查数据,北京市四大功能区中,近郊四个区(朝阳区、海淀区、丰台区、石景山区)是人口分布最集中的地区,也是外来人口密集的地区;北京市近50%的总人口和近60%的外来人口集中在这一区域。朝阳区和海淀区又是人口最多的区,这两个区就占去了北京市总人口的35%和外来人口的44%。从历次人口普查数据看,按照城市的三个圈层,北京市人口存在明显的区域再分布趋势,就是人口不断向近郊区集中。无论是人口向近郊区集中,还是功能区人口的聚散情况,外来人口都是非常重要的塑造力量。由此可见,外来人口对城市人口的影响,不仅体现在人口规模和总量上,而且直接影响到城市的人口分布和聚散过程。

在受教育程度上,16岁以上北京市外来人口主要集中在初中和高中水平,而女性大学专科和大学本科受教育水平的比例更高(见图4-4)。

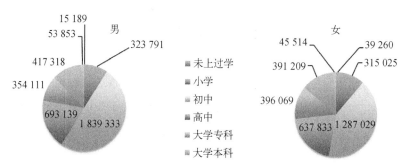

图4-4 北京市外来人口受教育水平特征(单位:人)

数据来源:北京市统计局、国家统计局北京调查总队编,《北京市2010年人口普查资料外来人口卷》,中国统计出版社,2012年。

(二)北京常住外来人口年龄结构特征

北京在20世纪90年代初便逐步进入老龄社会。2013年,北京65岁及以上老年人口达到194.5万人,在常住人口中的比重为9.2%。根据第六次人口普查结果,我国进入老龄社会的省市达到26个。北京老龄化水平排在第12位,低于全国平均水平0.2个百分点,比排在第1位的重庆市低3个百分点,比排在第6位的上海市低1.4个百分点。与其他国际大都市相比,北京的老龄化水平也相对较低。巴黎、纽约、伦敦和东京65岁及以上老年人口比重为12%—16%。

20世纪70年代以后,北京市出生率大幅度下降,人口平均预期寿命不断延长,人口年龄结构迅速转变,开始向老年型发展。1990年,60岁及以上老年人口比例占10.1%,14岁以下的少儿人口比例降到20.2%,按照国际标准,北京市已经转变为老年型人口年龄结构。此后,北京市的老龄化程度不断上升,到2000年,60岁及以上老年人口比例已上升至12.5%。从总和生育率看,北京长期低于生育更替水平。目前公认的保持人口规模基本稳定的生育更替水平是2.1。2000年的人口普查、2005年的1%人口抽样调查,以及近年的人口变动抽样调查的结果均显示,中国的总和生育率一直低于1.5。而2010年北京常住人口的总和生育率仅为0.7。从平均预期寿命看,北京已达到较高水平。2010年世界人口平均预期寿命为67.6岁,中国为74.8岁,北京为80.2岁。结合总和生育率和平均预期寿命看,尽管外来人口持续流入,但长期看北京人口持续老化的趋势仍难以逆转。

以上分析的是常住人口老龄化程度,事实上,北京市大量流动人口的流入降低了老年人口占总人口的比例,在一定程度上减缓了全市老龄化的速度,掩盖了北京市老龄化的严峻形势。在年龄特征上,外来人口明显比户籍人口拥有更年轻的年龄结构。其中,20—24岁的外来常住人口最多,25—

29岁居次。可见,外来常住人口多为年轻劳动力人口(见图4-5)。

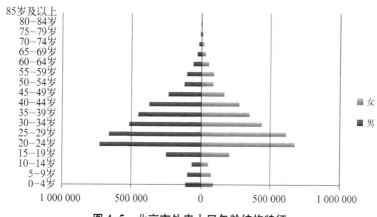

图4-5 北京市外来人口年龄结构特征

数据来源:北京市统计局、国家统计局北京调查总队编,《北京市2010年人口普查资料外来人口卷》,中国统计出版社,2012年。

2000年以来,外来人口快速增长,减缓了本市人口老龄化的进程。值得关注的是,近来北京外来人口增速已经出现放缓态势,2013年常住外来人口增加了28.9万人,比2012年少增2.7万人,比2011年少增8.8万人。近几年,北京人口老龄化程度提高了0.5个百分点,与2000—2010年仅提高0.3个百分点的幅度相比,进程明显加快。

在外来人口特征方面,根据《北京市2010年人口普查资料外来人口卷》,2010年北京市有256.94万外来人口家庭户,其中,纯外来人口家庭户204.49万户。就户籍特征方面,约有227.64万外来人口拥有非农业户口,476.81万外来人口则是农业户口。北京市外来人口性别特征如表4-2所示。

表 4-2 北京市外来人口性别特征　　　　单位：人

有外来人口的家庭户				其中：纯外来人口家庭户			
合计	男	女	性别比(女=100)	合计	男	女	性别比(女=100)
4 685 523	2 352 295	2 333 228	100.82	3 946 889	2 087 798	1 859 091	112.30

数据来源：北京市统计局、国家统计局北京调查总队编，《北京市2010年人口普查资料外来人口卷》，中国统计出版社，2012年。

（三）北京常住外来人口职业与收入分析

北京优厚的生活条件和众多的就业机会不断吸引外来人口进京。众多显在和潜在的就业机会创造了大量的就业岗位，将周边省份甚至更远地区的劳动力吸引来京，而涌入的人口又反过来增加了生活生产的需求量，从而衍生出更多的就业机会。如此反复，就如同滚雪球，人口越聚越多。

统计结果显示，来京外来人口的就业主要集中于第三产业中生产效率较为低下的劳动密集型行业。从北京市外来人口的就业结构来看，外来人口就业以第三产业为主（占所有外来人口的70%以上）。就具体行业来说，外来人口主要集中于第三产业中的批发零售业、住宿餐饮业、租赁和商务服务业、居民服务业等。从北京市第三产业的发展状况看，近20年来，北京市第三产业的发展极为迅速，第三产业产值占总产值的比重从1990年的38.8%迅速增长到2010年的75.1%。但是从劳动生产率的角度上看，北京市第三产业劳动生产率却很低，2010年仅为10.85万元/人，远远低于上海市（18.18万元/人）和天津市（18.32万元/人），是三个城市型直辖市中最低的(重庆虽是直辖市,但农村人口比例很高,不是真正的"城市型")(见图4-6)。

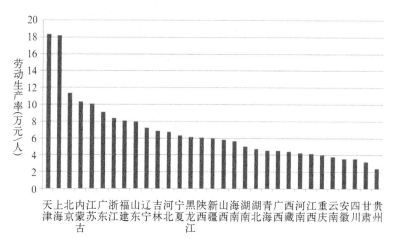

图4-6 2010年全国各省、自治区、直辖市第三产业劳动生产率比较

产生上述现象的原因在于北京市第三产业的结构不合理,它是以劳动生产率较为低下的劳动密集型行业为主。由图4-7可以看到,尽管2010年北京市第三产业中,各行业的产值除了房地产业外都有较快增长,但其中发展最快的三大行业为居民服务和其他服务业、住宿和餐饮业、批发和零售业,这些行业均为劳动密集型行业,其发展需要大量的劳动力来维持。

就收入来看,不同就业身份流动劳动力之间的收入差异较大。由于流动人口流动性强,其收入的数据比较匮乏。但根据2006年中国人民大学人口与发展研究中心组织的"北京市1‰流动人口调查",北京市流动劳动力的平均月收入1 452元,中位月收入1 000元。但不同就业身份流动人口之间的收入差异较大。其中,就业身份为雇主者的平均月收入最高,为1 990

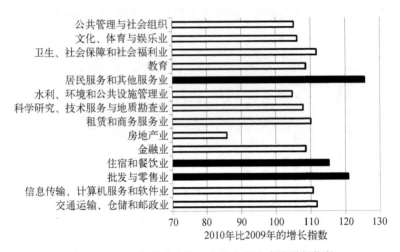

图 4-7　2010 年北京市第三产业各行业产值增长指数

数据来源：北京市统计局、国家统计局北京调查总队编，《北京统计年鉴 2011》，中国统计出版社，2011 年。

元；其次是自营劳动者，月收入为 1 575 元；雇员的月收入为 1 326 元；家庭帮工的收入水平最低，月收入为 817 元。从流动劳动力工资的支付情况来看，90％左右的流动劳动力能够按时领取工资。这表明，北京市在解决流动劳动力的工资拖欠问题方面是很有成效的，但也存在着少数被拖欠工资的情况。偶尔被拖欠工资的流动劳动力占 6.3％，经常被拖欠和一直被拖欠的比例分别占 2.2％和 1.3％。被拖欠工资的流动劳动力职业以工人为主，其中建筑工人、装修工人被拖欠工资的比例相对较高，分别有 8.0％和 9.7％的建筑工人和装修工人的工资被经常拖欠甚至被一直拖欠。因此，确保流动劳动力的工资能够得到正常支付，尤其是那些从事建筑业的流动劳动力的工资支付，是保障流动劳动力劳动权益的一项重要内容。虽然绝大多数流动劳动力来到北京后实现了职业地位的向上流动，但是他们仍然被排斥在"社会保障"安全网之外。调查显示,84.5%的流动劳动力没有参加过任何形式的社会保险。参加失业保险、基本养老保险和基本医疗保险的流动劳动力分别只占2.2%、5.7%和8.5%。

(四) 北京常住外来人口流动性分析

常住外来人口增长是人口增长的主因。常住外来人口的比重由2010年的35.9%提高到2013年的38%,比重上升了2.1个百分点。北京市增加的常住人口中,超过六成是由外来人口的增加带来的,户籍人口增长的贡献不到四成。

常住外来人口在本乡镇街道平均居住时间为4.2年。从常住外来人口在本地居住时间看,87.7%的常住外来人口在其居住的乡、镇、街道居住超过1年,其中,居住时间在1—3年的比例最高,占43.2%,其次是5年及以上,占25.4%。从离开户口登记地原因看,务工经商所占比重最高,达到66.8%,学习培训和随迁家属的比例分别为7.1%和11.2%。居住时间的长期性和离开户口登记原因的多样性,说明随着工作、住房的稳定,对生活环境的适应,这一部分人离开北京的可能性在逐渐减小,成为较为稳定的人口群体。

针对未来北京市年度净迁移人口规模设定两种方案,模拟未来北京市流动人口的变动趋势。第一种方案,设定2010—2020年北京市年度净迁移规模为40万人/年,2021—2030年为30万人/年;第二种方案,设定2010—2015年北京市年度净迁移规模为70万人/年,2016—2020年为60万人/年,2021—2025年为50万人/年,2026—2030年为40万人/年。根据以上两种方案,预计 2020 年北京市流动人口的数量将达到 1 100 万—1 350 万人，2030 年将达到 1 400 万—1 800 万人。

流动人口对北京市人口局面具有重要影响。按照目前北京市户籍人口与流动人口的发展趋势看，流动人口已经成为北京市常住人口增长态势的第一原因。在未来，流动人口进一步向北京涌入，将带来北京市常住人口规模的进一步膨胀，由此对北京市的教育、医疗、交通、社会保障等资源的配置，以及北京城市化进程的健康推进提出挑战。

在计算户籍人口与常住外来人口的差距之前，我们首先以 2012 年公布的 2010 年第六次人口普查数据为基础进行人口预测。根据北京市历年统计年鉴数据，北京户籍人口中，每年有近 10 万净迁入人口，其中迁入约 18 万，迁出约 8 万。考虑到北京严格的户籍制度，北京未来净迁入人口不会有太大的波动。故假定未来年份，北京每年户籍人口净迁入为 10 万，并按照 2010 年净迁入人口的非农人口和农业人口分别所占比例，得到分户口性质的净迁入人口。

2010 年分性别分年龄的人口数是进行时期人口预测的基础数据。本次模拟预测使用的总人口数来源于 2011 年北京市统计年鉴，户籍总人口为 1 257.8 万人，其中，非农人口为 989.5 万，农业人口为 268.3 万；性别年龄结构则使用 2010 年第六次人口普查户籍人口数据。同时，总人口和相应年龄性别中需要扣除在校大学生中外地生源数，得到 2010 年北京市户籍人口 1 207.7 万人，非农人口为 943.5 万人，农业人口为 264.2 万人。各年龄性别扣除数依据北京市"六普"数据在校大学生年龄性别结构计算。

第四章 北京市常住外来人口养老保险现状及发展分析

2000年北京市男性人口预期寿命为74.33岁,女性人口预期寿命为78.01岁。按照联合国预期寿命变动假设的中方案对未来人口的预期寿命进行推算,分别得到2010—2050年北京市分性别的预期寿命。到2050年,北京市男性预期寿命为80.07岁,女性预期寿命为84.37岁。

2010年,北京市常住人口中户籍人口为1 257万人,常住外来人口为704万人,分别占常住总人口的64.1%和35.9%,这种人口格局在未来将发生明显变化。经过人口预测,在低方案下,2020年户籍人口比重将下降至55.7%,2030年降为51.3%。届时,北京的人口格局将呈现户籍人口与外来人口"二分天下"的局面。

人口老龄化是人口发展过程中的一个必然现象,而且不可逆转。未来20年,北京市的人口老龄化形势不断趋于严峻,不仅人口老龄化的程度在不断提高,而且老龄化的速度也在不断加快,面临的老龄化问题愈加严重。1953年第一次人口普查时,北京市常住人口中60岁及以上老年人口规模仅为17.4万,至2010年第六次人口普查时,北京市老年人口规模已经攀升至246万,增加了13倍之多。未来,北京市老年人口规模将持续增加,在2030年将会翻一番,达到500万。可见,在未来北京市需要负担的老年人口规模非常庞大,给北京市社会经济的发展带来巨大压力和挑战。

二、北京市常住外来人口养老保险现状

(一) 北京市常住外来人口养老保险发展历程

北京市打破过去市民养老保障按城镇和农村分类的两线格

局,形成企业职工基本养老保险、城乡居民养老保险、机关事业单位退休金制度和老年保障制度的新格局。

2007年年底,北京市率先建立了"新型农村社会养老保险制度"(简称"新农保")和"城乡无社会保障老年居民养老保障制度"(简称"老年保障"),填补了本市养老保障制度的空白。截至2008年年底,农民参保率由上年底的37%提高到84%,参加新农保的农民累计达到110万人,当年新增63万人。全市享受老年保障的人员达到56.3万人。目前,北京市已形成由企业职工养老保险、新农保、老年保障以及机关事业单位退休金制度组成的养老保障体系,城乡养老保障制度基本实现了全覆盖,覆盖人群1022万人。但还有两部分人群没有被制度覆盖:一是一部分劳动年龄内无固定收入的大龄城镇居民(包括农转居人员)没有参加企业职工基本养老保险,约10万人;二是超过劳动年龄的城乡女性居民(城镇51—59岁、农村56—59岁),约10万人,其中城镇3万人,农村7万人。针对这一问题,北京市在新农保制度框架的基础上,建立了城乡居民养老保险制度,将已参加新农保的110多万人和上述两部分人员中,女55岁以下、男60岁以下的人员纳入了城乡居民养老保险制度;同时,完善老年保障制度,将女56—59岁的人员一次性纳入老年保障制度。今后劳动年龄范围内的人员,通过参加养老保险享受养老待遇,老年保障制度不再扩大享受人群。城乡居民养老保险是北京市养老保障体系建设的重要组成部分,作为城乡居民养老的基本制度,将为北京市城乡居民提供基本的养老保障,从而使北京市养老保障制度在全国率先形成企业职工基本养老保险、城乡居民养老保险、机关事业单位退休金制度和老年保障制度的新格局。

第四章 北京市常住外来人口养老保险现状及发展分析

(二) 与国内其他外来人口养老保险模式的比较

在分析北京外来人口养老保险模式之前,需要认识到,由于外来人口涉及流入地和流出地两个城市,而我国的养老保险实行的是各省区市不同形式和费率,这就使得养老保险的收支遇到了极大的困难。近年来我国的少数城市对农民工的养老保险模式进行了探索,其中最有代表性的是深圳、北京和上海三种模式。

2000年12月,深圳市人大常委会通过了修改后的《深圳经济特区企业员工社会养老保险条例》,把在市内企业工作的外来员工的养老保险纳入当地城镇企业(包括企业化管理的事业单位、民办非企业单位)职工的基本养老保险制度。该条例规定,非本市户籍的员工与深圳市户籍的员工一样,按员工个人缴费工资的13%缴纳基本养老保险费,其中员工个人按本人缴费工资的5%缴纳,企业按员工个人缴费工资的8%缴纳;他们计入个人账户的比例与本市户籍的员工相同,为个人缴费工资的11%。与1992年8月1日后参加工作的深圳市户籍的员工一样,他们必须在达到法定的退休年龄前实际缴费年限累计满15年,才能在退休后享受基本养老保险待遇,按月领取由基础性养老金与个人账户养老金构成的基本养老金;如果达到国家规定的退休年龄但累计缴费不满15年,或在退休前调出、辞工离开深圳,则个人账户积累额将随其全部转入当地社会保险机构或全部退还本人。

郑州市政府在2004年发布的《关于农村劳动力转移就业后参加我市社会养老保险工作的实施意见》,也属于深圳模式。该意见规定:"国有企业、城镇集体企业、外商投资企业、城镇私营企业、实行企业化管理的事业单位招用的农民工,按照政府规定的当地国有企业和职工统一的社会养老保险费缴费比例缴纳基本养老保险费。""城镇个体工商户招用的农民工,按照政府规定的个体工商户雇主和雇员的社会养老保险费缴费比例缴纳基本养老保险费。当他们达到国家法定退休年龄时,可申请办理退休手续,依法享受城镇企业职工社会养老保险待遇。"与深圳的规定不同的是,郑州市增加了农民工参保缴费后,在达到国家法定退休年龄时,若个人缴费累计不满15年,可以延缓申请办理退休手续,继续缴纳社会养老保险费,但延长时间最长不超过5年。

从深圳的模式来看,外来流动人口在深圳的企业工作,建立劳动关系后,便与深圳市户籍的员工一样,由企业和个人缴纳基本养老保险费,按规定享受基本养老保险待遇。其优点主要有以下三个方面:① 使外来流动人口在参加和享受基本养老保险方面获得了"市民待遇",切实保护了他们的正当权益;② 使企业在聘用外来流动人口与本地户籍人口的基本养老保险负担上大体相同,有利于形成城乡劳动者平等竞争就业的机制;③ 使缴纳城镇企业职工基本养老保险费的人群大大增加,有利于减缓城镇户籍人口"少子老龄化"给基本养老保险基金收支动态平衡带来的负面影响。但是,在现阶段我国绝大多数特大城市的城镇企业为本地户籍职工缴纳的基本养老保险费比例大大高于深圳市、全国还未普遍规定各大城市的企业均要为非本市户籍的员工缴纳与本市户籍员工同样比例的基本养老保险费的情况下,如果少数特大城市采用深圳市的养老保险模式,必然会大大提高这些城市中企业的用工成本。

上海市把外来从业人员的老年补贴与工伤(或者意外伤害)、住院医疗纳入综合保险,实行与本市户籍职工不同的养老保险制度。《上海市外来人员综合保险暂行办法》规定,符合本市就业条件,在本市务工、经商但不具有本市常住户籍的外省、自治区、直辖市的人员(不包括从事家政服务和从事农业劳动的人员),用人单位以其使用外来从业人员的总人数乘以上年度全市职工月平均工资的60%为基数,按12.5%的比例缴纳综合保险费。无单位的外来从业人员以上年度全市职工月平均工资的60%为基数,也按12.5%的比例缴纳综合保险费。在实际操作中,按7.5%缴纳的综合保险费用于工伤(或者意外伤害)和住院医疗保险,按5%缴纳的综合保险费用于老年补贴。上海模式的缺陷主要在于它不能将城镇企业为外来从业人员缴纳的有关养老保险费作为缓解未来中国城镇基本养老保险基金赤字的一个重要来源,无法帮助偿还我国在支付城镇退休人员基本养老金方面的历史隐性债务。

北京市劳动和社会保障局发布的《北京市农民工养老保险暂行办法》规定:凡本市行政区域内的国有企业,城镇集体企业,外商及港、澳、台商投资企业,城镇私营企业和其他城镇企业,党政机关,事业单位,社会团体,民办非企业单位,城镇个体工商户和与之形成劳动关系、具有本市或外埠农村户口的劳动者,应当依法参加养老保险,缴纳养老保险费。用人单位自招用农民工之月起,必须与其签订劳动合同,并为其办理参加养老保险手续。用人单位与农民工本人都以上一年本市职工月最低工资标准为基数,单位按雇用的农民工人数按月缴纳19%,个人在2001年缴纳7%,最终达到8%;并按农民工缴费工资基数的11%计入个人养老保险账户。在其到达法定退休年龄时,基本养老金暂按享受一次性养老待遇处理。其待遇由两部分组成:一为个人账户存储额及利息;二为按其累计缴费年限,累计缴费满12个月(第一个缴费年度),发给一个月相应缴费年度的本市职工最低工资的平均数,以后累计缴费年限每满一年,以此为基数,增发 0.1 个月相应缴费年度的本市职工最低工资的平均数。

三、北京市常住外来人口养老保险参保状况分析

(一) 北京市常住外来人口养老保险参保现状

按月享受的城乡居民养老保险待遇由个人账户养老金和基础养老金两部分组成,城乡居民养老保险个人账户养老金实行分段计发。具体实施办法是:2004 年 7 月 1 日前参加农村社会养老保险的人员,在 2008 年 1 月 1 日前缴纳的保险费按 8.8% 的计发系数确定个人账户养老金标准。2004 年 7 月 1 日之后参加农村社会养老保险的人员,在 2008 年 1 月 1 日前缴纳的保险费按 5% 的计发系数确定个人账户养老金标准。2008 年缴纳的新型农村社会养老保险费和参保人员缴纳的城乡居民养老保险费,按照国家规定的基本养老保险个人账户养老金计发月数确定个人账户养老金标准。个人账户养老金支付完时,由城乡居民养老保险基金的调剂金支付;调剂金支付完时,由财政资金拨补,至被保险人死亡时止。基础养老金是在参保人领取待遇时由政府补助的财政性资金,标准全市统一,为每人每月 280 元。发放基础养老金所需资金由区(县)财政负担,并列入区(县)财政预算。

北京市目前的养老保险制度可以总结为五个统一:统一的保险制度,统一的缴费标准,统一的保险待遇,统一的衔接办法,统一的基金管理。

第四章 北京市常住外来人口养老保险现状及发展分析

具有本市户籍,男年满16周岁未满60周岁、女年满16周岁未满55周岁(不含在校生),未纳入行政事业单位编制管理或不符合参加本市基本养老保险条件的城乡居民,应当参加城乡居民养老保险。这既打破了二元障碍,实现了体制创新,又解决了一部分劳动年龄内无固定收入的大龄城镇居民(包括农转居人员)的参保问题,从而在保险制度上没有遗漏人群,真正实现城乡居民全覆盖。

城乡居民养老保险费采取按年缴费的方式缴纳。最低缴费标准为农村居民上年人均纯收入的9%;最高缴费标准为城镇居民上年可支配收入的30%。城乡居民可在下限和上限之间选择,既考虑了参保人的缴费能力,也考虑了与企业职工基本养老保险的衔接。

在城乡居民养老保险和基本养老保险都有缴费记录的人员,达到退休年龄时,符合基本养老保险按月领取条件的,按照基本养老保险的规定计发养老待遇,其在城乡居民养老保险缴纳的保险费,应折算为基本养老保险的缴费和年限;不符合基本养老保险按月领取条件的,可将其按照基本养老保险规定计发的待遇转入其城乡居民养老保险个人账户,按照城乡居民养老保险的规定计发养老待遇。

城乡居民养老保险基金纳入区(县)财政专户,以区(县)为单位核算和管理。区(县)财政部门、劳动保障部门应设立专门账户,对本区(县)城乡居民养老保险基金进行管理,专款专用。区(县)财政部门应按经同级政府批准的城乡居民养老保险基金预算安排资金,确保城乡居民养老保险待遇的按时足额发放。按照分税制的财政体制,城乡居民养老保险基金由区县纳入财政专户并进行核算管理,同时确保养老金的按时发放。

根据北京市的发展水平、物价水平、民众的生活需求等因素,北京市逐步提高了各项养老金水平。截至2014年10月,北京市社会保险基金累计收入1 023.1亿元,累计支出799.2亿元,当期结余223.9亿元,收入和支出同比分别增加197亿元和140.5亿元,增幅分别达到了23.8%和21.3%。北京市参加职工基本养老保险的参保人员达到1 073.8万人,比2013年同期增加103.9万人,而城乡居民养老保险的参保人数同期增长3.4%,达到172.2万人,其中,农民参保162.8万人。2014年1—10月,领取城乡居民养老保险待遇的有21.1万人,月人均养老金水平413元,其中基础养老金330元。前10个月城乡居民养老保险累计收入12亿元,累计支出7.4亿元,其中基金支出1.4亿元,财政补助支出6亿元。同时,北京城乡无社会保障老年人享受福利养老金人员为58.4万人,月人均福利养老金250元,累计发放福利养老金14.3亿元;退休人员月人均基本养老金达到2 283元,比2013年同期增长10.7%。

2000年全国第五次人口普查时,北京常住外来人口规模为256.1万人,占常住人口的18.8%;到2010年全国第六次人口普查时,外来人口规模增加至704.5万人,比重上升至35.9%;至2011年在京外来人口规模继续增加,达到742.2万人,比重增加到36.8%。十余年内,北京外来人口规模增加了近两倍,相对比重翻了一番。

至2012年年末,北京市城镇职工基本养老保险共有995.7万人参保,基金收入995.1亿元,支出640.2亿元,年末结余1 224.8亿元。城乡居民社会养老保险参保人数达176.8万人,收入26.8亿元,支出13.6亿元,年末结余88.7亿元。

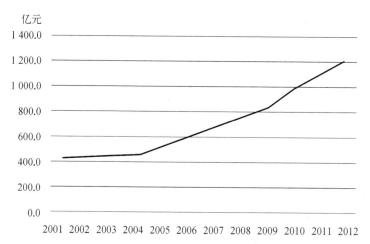

图 8　北京市城镇职工基本养老保险各年结余变化

数据来源：国家统计局，《中国劳动统计年鉴2013》，中国统计出版社，2013年。

（二）北京外来人口社会保障体系建设影响因素

外出务工农民工有很强的社会养老保险参保意愿，并且在参保类别选择上呈现"倒退"现象。姚俊（2010）在江苏五地的调查结果表明有90%以上农民工愿意参加各类社会养老保险，说明农民工的养老意识发生重大转变，这既是深入推进农民工社会养老保险工作的契机也是动力来源。但在参保类别上，保障水平不高、正处于试点阶段和主要面向农村居民的新型农村社会养老保险却成为农民工参保的首选。这种与社会养老保险发展相悖的"倒退"现象说明，虽然农民工养老意识发生转变，但对未来养老水平预期仍然很低。因此，由国家补贴基础养老金同时对个人缴费额和年限要求明显低于"城保"的"新农保"反而成为农民工参加社会养老保险的"理性选择"。另外，由于社会养老保险的支付存在很长时间的滞后性，因此政策受益的示范性成为农民工选择参保类别的重要考量,新农保政策已经使得相当一部分农民拿到养老金而鲜有农民工切实享受到"城保"养老金的现实造成不少农民工在参保类别上作出"倒退"的选择。

决定农民工社会养老保险参保类别选择的影响因素集中体现了现有社会养老保险制度设计中的关键要素。年龄、户籍现状、换单位次数三因素显著地影响农民工社会养老保险参保类别的选择,受教育程度、城乡流动意愿和政策认知程度等因素的影响较为有限,而性别、收入水平、保费承受能力、换城市次数和外出务工时间则没有显著影响。与农民工是否参加社会养老保险影响因素的实证结果相比,收入变量为代表的经济能力在是否参保上影响显著(肖云、石玉珍,2005;雍岚,2007;姚建平,2008),但在选择何种社会养老保险上则没有显著影响。这说明对于有参保意愿的农民工来说,缴费能力已经不是决定性因素,关键在于与现行各类社会养老保险制度设计中的要素相匹配。比如"城保"和"新农保"对最低缴费年限的不同规定直接决定着年龄显著影响农民工的参保类别选择;"城保"转续办法中对缴费段不满10年者转回户籍所在地享受养老金待遇,"新农保"以农村户籍为标准甄别基础养老金补贴对象,这两项制度设计使户籍现状的影响力显著起来;"城保"中对用人单位缴费责任的规定及在办理过程中以用人单位为组织者的执行现状造成农民工换工作的频率直接影响其社会养老保险参保类别的选择。这充分说明了社会养老保险制度设计本身会对农民工参保类别的选择造成影响,这种影响有的会直接表现出来,有的则会通过其他因素间接表现出来。

第五章
北京市常住外来人口养老基金基础人口测算

北京市常住外来人口统计数据始于1978年,当时全市常住外来人口数量为21.80万人,仅占全部人口的2.5%,直到1995年,常住外来人口占常住人口的比重一直在6%以下,这一时期,常住外来人口的流入速度一直保持在较低水平。但从1995年开始,北京常住外来人口流入速度开始以"倍数"速度增长,如1995年北京常住外来人口达到了180.80万人,这个数字是1994年常住外来人口数量的2.87倍。2000年突破200万,2010年达到了704.7万,2014年常住外来人口数量达到了818.7万人,而同期常住人口是2151万人,增长率为1.7%,本地人口和外来及流动人口的比是1∶16,总人口数量达到了2969万,是世界上人口密度最高的城市[1]。从图5-1可以看出,北京常住外来人口占常住人口中的比重逐渐增大,常住外来人口流入速度明显快于常住人口

---

[1] 数据来源:北京市统计局,《北京统计年鉴2014》,北京市统计局网站:www.bjstats.gov.cn。

的增长速度。这增加了北京市劳动力供给,缓解了北京市劳动力供求的结构性矛盾,但人口流入的快速增加也带来了人口、资源、环境城市承载力难以满足的困境。因此,控制、引导常住外来人口的有序管理就成为迫在眉睫的问题。常住外来人口的流动行为除了和环境、制度等宏观因素相关外,和常住外来人口自身及所处的微观环境也有密切的关系。

1978—2014年北京市常住外来人口的涌入原因复杂,而且具有明显的阶段性特征,1978—1995年人口流入速度缓慢,1995—2010年人口流入速度加快,这和国家宏观劳动力市场机制政策变化有紧密的关系,如1995年国家取消了进城务工人员办理"就业证"的行政管理措施。但这不仅是政策的作用,现阶段,单纯的劳动力供求规律难以解释为什么北京劳动力供给不断增加,但人口流入也在不断增加;为什么北京市存在城市居民的失业现象,但人口还是在不断流入;为什么部分常住外来人口找不到工作,但企业仍然抱怨招不到工人;为什么北京市作为高技术人才聚集城市,高技术人才供给过剩,但高技术人才流入速度还是在不断增加。这种劳动力的错位流入用传统的劳动力转移和流动机制理论研究难以解释,因此,从常住外来人口的性别、年龄、受教育程度、职业、地缘、经济、社会关系等微观因素研究北京市常住外来人口的流动行为具有重要意义。

一、北京市常住外来人口流动行为分析模型

外来人口向北京流动的行为和多种因素有关,制度政策变革

是引起外来人口向北京流动的宏观因素,而常住外来人口自身所处的地理位置与北京的距离因素(地缘)、自身特征(性别、年龄、受教育程度)、经济因素以及社会关系则是和流动性为密切相关的微观因素。

(一) 地缘因素模型

1995年以后外来人口向北京流动的加速趋势主要表现为河北、山东与河南人口向北京流动的加速趋势,河北人口向北京流动的基数、增速及规模高于山东,山东高于河南,流入人口的数量分布随着距迁入中心距离的增加而减少。因此,区域之间的人口流动和地区之间的距离具有明显的负相关关系,借鉴发展经济学家托达罗(Micheal P. Todaro)在1969年提出的城乡人口流动模型,可以设定基于地缘因素的北京常住外来人口流动行为模型如下:

$$M_{ij} = k \times (P_i \times P_j)/D_{ij} \qquad (5-1)$$

M_{ij}为i地区到北京的流动人数,P_i、P_j分别为i地区和北京的现有人口数,D_{ij}为i地区到北京的距离,k为系数。已知河北各地到北京地区的平均距离为295千米,山东到北京的平均距离为431.3千米,河南到北京的平均距离为720.7千米。通过对1978—2010年三地区流向北京常住外来人口的回归分析可以看出:1978—1995年,常住外来人口数量和距离之间的负相关关系比较明显,但1995—2010年这种负相关关系较弱。分析认为,1995年以来,各地区间的交通基础设施改善(铁路提速、高速公路建设)带来了交通效率的不断提高,在绝对距离不变的情况下,缩短了人口流动的相对距离,这大大促进了距北京较远地区的人口向北京流动的速度,各地区向北京流动的人口增速逐渐趋向均衡,如安徽、四川等地人口也开始向北京流动,而且流动加速趋势明显。在地缘因素模型中,除了距离外,现有人口的数量也会影响人口流动,如北京人口的过度拥挤会使流入人口速度减缓,系数k说明在地缘因素中,北京与周边地区相似的生活习惯、文化传统也是周边地区人口流向北京的原因之一。

(二) 劳动者自身因素模型

北京常住外来人口的流动行为和自身因素有着密切的关系。从性别视角看,向北京流动的人口中性别比趋于平衡,但流动路径不同。女性常住外来人口倾向于以婚姻的方式流入北京,嫁入大城市成为女性人口流动的重要特征;男性常住外来人口倾向于以职业的方式流入北京,以在北京作出一番事业为流动的心理动机。从年龄视角看,常住外来人口向北京的流动比较符合美国人口学家 Rogers(1978,1984)提出的年龄—迁移率理论模型,常住外来人口向北京流动的特征为:由前劳动力部分(0—14岁)流入速度较快,劳动力部分(15—64岁)流入速度和规模最大,后劳动力部分(>64岁)流入速度较慢、不受年龄影响的常数部分[1]。从受教育年限的视角看,一个地区人口的受教育年限长短和常住外来人口的流动意愿密切相关,受教育年限越长,越倾向于流动到北京等大城市。同时,常住外来人口在大城市能够接受更良好的教育,拥有更广阔的发展平台、更具竞争力的基本技能或者更强的再学习能力,从而使人更有可能作出流动的决定。基于此,可以考虑在地缘模型中引入常住外来人口自身因素,从而设定常住

---

[1] Daniels P.W, Kconnor and T Autton: The Planning Response to Urban Service Sector Growth: An International Comparison, *Growth and Change*, 1991, 3-26.

外来人口流动行为分析模型如下：

$$\ln M_{ij} = \alpha_0 + \alpha_1 \ln S_i/S_j + \alpha_2 \ln W_i/W_j + \alpha_3 \ln E_i/E_j \\ + \alpha_4 \ln + \alpha_5 \ln A_i/A_j \quad (5-2)$$

M_{ij}为i地区到北京的常住外来人口数量，S_i、W_i、E_i、A_i为i地区常住外来人口的性别、职业、受教育年限、年龄，S_j、W_j、E_j、A_j为北京常住人口（户籍人口和常住外来人口）的性别、职业、受教育年限和年龄。采用最小二乘法进行回归，方程系数α_0、α_1、α_2、α_3、α_4、α_5的值分别为100 812、0.98、0.85、0.96和0.93，各因素均对常住外来人口的流动行为具有显著影响。回归结果和2005年、2010年统计数据吻合，性别特征在常住外来人口的流入行为中影响最为显著，这既和婚姻行为有关，外地女性嫁给了北京男性，也和北京市以服务业为主的产业结构相关，服务业对女性的需求超过了男性。职业影响的显著性略低，受教育年限和年龄特征的影响显著性居中。

（三）经济因素模型

为了提高和改善生活质量而选择流动是人口流动的基本经济规律。因此，可以考虑将工资性收入和公共资源的外部性收益作为常住外来人口流动的主要经济变量，根据发展经济学家托达罗（Micheal P. Todaro）在1969年提出的城乡人口流动模型[1]来设定常住外来人口经济因素模型：

$$M_{ij} = F(I_{ij}), \ F' > 0 \quad (5-3)$$

M_{ij}为i地区到北京的常住外来人口数量；I_{ij}为i地区和北

---

[1] 赫尔普曼：《经济增长的秘密》，中国人民大学出版社，2007年。

京地区的收入差异(含工资性收入和两地区公共资源差异产生的外部性收入);$F' > 0$ 表示人口流动是预期收入差异的增函数。

$$I_{ij} = w_j \times \pi_j \times p_j - w_i \times \pi_i \times p_i \quad (5-4)$$

其中,w_j、π_j、p_j 分别表示北京市社会平均工资、北京地区就业概率和完善的公共资源(环境、教育、医疗)带来的外部性收入,w_i、π_i、p_i 表示 i 地区的社会平均工资、就业概率和外部性收入。

模型结果显示,工资收入差异、地区就业概率和完善的公共资源带来的外部性收入对北京市人口流入均有非常显著的影响。这和人口流动的统计结果吻合,1980—1995 年北京市工资收入差异和全国及周边省份相差不大,收入差异吸引人口流入的趋势并不明显;1995—2010 年工资北京和全国及周边省份的收入差异拉大,北京市货币工资收入是全国货币工资收入的 2 倍,达到了河南省的 3 倍,这导致人口流入的加速趋势明显,如表 5-1 所示。所以以 1995 年前后数据分别回归,1995 年以后数据的回归结果更为显著。

表 5-1 人口流入地区与北京地区职工货币工资比较　单位:元

年份	2010	2009	2008	2007	2006	2005	2004	2003	2002	2001
全国	37 147	32 736	29 229	24 932	21 001	18 364	16 024	37 147	12 422	10 870
北京市	65 683	58 140	56 328	46 507	40 117	34 191	29 674	65 683	21 852	19 155
河北省	32 306	28 383	24 756	19 911	16 590	14 707	12 925	11 189	10 032	8 730
山东省	33 729	29 688	26 404	22 844	19 228	16 614	14 332	12 567	11 374	10 008
河南省	30 303	27 357	24 816	20 935	16 981	14 282	12 114	10 749	9 174	7 916

第五章　北京市常住外来人口养老基金基础人口测算

续　表

年　份	2000	1999	1998	1997	1996	1995	1994	1993	1992	1991
全　国	9 371	8 346	7 479	6 470	6 210	5 500	4 538	3 371	2 711	2 340
北京市	16 350	14 054	12 451	11 019	9 579	8 144	6 523	4 510	3 402	2 877
河北省	7 781	7 022	6 302	5 692	5 286	4 839	4 185	3 034	2 485	2 156
山东省	8 772	7 656	6 854	6 241	5 809	5 145	4 338	3 149	2 601	2 292
河南省	6 930	6 194	5 781	5 225	4 924	4 344	3 546	2 646	2 269	1 964
年　份	1990	1989	1988	1987	1986	1985	1984	1983	1982	1981
全　国	2 140	1 935	1 747	1 459	1 329	1 148	974	826	798	772
北京市	2 653	2 312	2 107	1 787	1 601	1 420	1 086	931	863	837
河北省	2 019	1 821	1 688	1 394	1 268	1 075	918	796	773	744
山东省	2 149	1 920	1 782	1 427	1 313	1 110	986	789	769	755
河南省	1 825	1 628	1 470	1 258	1 159	1 015	866	767	754	742

数据来源：中国统计年鉴2011，http：//www.stats.gov.cn/tjsj/ndsj/2011/indexch.htm。

工资收入差异对人口流入的显著性系数为0.98，地区就业概率对常住外来人口的显著性系数为0.94，公共资源的外部性收入显著性系数为0.96，工资收入差异对常住外来人口持续流入的影响最为显著，公共资源的外部性收入次之，地区就业概率对人口流入的影响最小。

同时，就业机会以及北京市完善的公共资源外部性收入也是人口流入的显著变量，这和新古典经济学家的研究结果一致，人口流动不仅是常住外来人口对经济机会的选择，也是对城市资源外部性溢出的选择。北京作为首都，其各种资源的外部性因政治中心地位被无限放大，很多人因北京是首都慕名而来，但又不知道来北京做什么。当然北京市的各种资源,如人力资源、教育资源、科技资源、文化资源、信息资源以及金融资源[①]确实有着明显的外部性。北京市常住人口平均受教育年限达到18.9年,高学历人才互相聚集和吸引,从而使北京市高学历人才存在供给过剩。此外,北京市还有全国最多的大中专院校和科研院所,共有667所大中专院校和科研院所;有各种医疗机构1 968家,其中三级医疗机构123家;有金融机构总部及分支机构1 235家。教育、科技、文化资源的外部性吸引着常住外来人口流入,这些因素使北京市完善的公共资源外部性收入成为人口流入的显著性变量。

(四) 社会关系因素模型

北京常住外来人口来源地主要是河北、山东、河南,这三个地区的人口流入北京除了地域距离、人口规模等因素外,还有一个因素就是三个地区人口的持续流入使流入人口逐步形成了一种网络体制以及体制内的延续性,如图5-1所示。从图中可以看出,从山东流入北京的人口形成北京山东人,他们之间的"老乡地缘因素"和"亲戚朋友因素"使他们不断在北京聚集;从河北流入的人口形成北京河北人,从河南流入的人口形成北京河南人,随着这三个地区流入人口的增加,流入速度也在不断增加,形成滚雪球似的人口聚集效应。这种由于人口不断聚集形成的人口流动网络体制不断吸引更多的外来人口向北京流动,因为流向北京后可以找到"熟人",心理成本和经济成本降低,这种人口流动的影响因素被称为"社会关系因素模型"。

[①] 北京市科学技术委员会:《首都可持续发展战略资源评价》,http://www.bjkw.gov.cn。

第五章　北京市常住外来人口养老基金基础人口测算

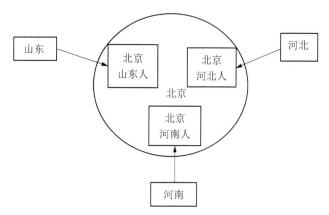

图 5-1　三个地区人口流入北京的网络体制

依据 2005 年北京市 1‰人口抽样调查资料和 2010 年第六次全国人口普查数据显示：在京的外来人口中，2005 年来自河北、河南、山东三个省的外来人口占全市外来人口的 40.4%，其中，河北占 17.3%，河南占 12.8%、山东占 10.3%。2011 年来自这三个地区的常住外来人口占据全市常住外来人口的 53.9%，河北占 20.3%，河南占 18.9%，山东占 14.7%。这说明由于人口流动网络体制的影响，从 2005 到 2011 年，来自这三个地区常住外来人口比例逐年增加，而且来自各个地区的人口聚集度不断提高，2005 年的北京河北人占据了北京常住外来人口的 17.3%，2012 年达到了 20.3%，这说明原来在北京的河北人吸引了更多的河北人向北京流动。

二、北京市常住外来人口预测模型理论

在北京，流动人口的统计与预测具有重要意义。首先，流动

人口增长迅速,在北京总人口中所占比重越来越大,使得北京人口增长中的机械增长远大于自然增长。在对某一地区人口发展预测时,仅预测人口自然变动状况,已无法准确描述未来人口的特征。因此,只有实现对流动人口的预测,才能准确把握人口发展态势。其次,流动人口的管理是一项长期复杂的系统工程,对流动人口数量和变化趋势的掌握是实现流动人口管理的基础。流动人口的预测可为合理制定人口规划、编制地区发展计划、安排人民生活、建设公共设施、维护社会秩序提供重要依据。

(一) 西方流动人口定量测算的有关理论

1. 引力模型

引力模型是由美国社会学家吉佛(G.K. Zipf)提出的。他把迁移总量描述为迁移距离和两地人口规模的函数,两地间的迁移总人数与两地人口数的乘积成正比,与两地距离成反比。这一模型仅考虑了人口规模和距离对流迁量的作用,而没有考虑其他因素。美国人口学家劳瑞(I.S. Lowry)保留了迁移距离对迁移总量的作用,引入两地体力劳动者工资水平和失业率因素,并将两地人口规模换成相应的两地非农业劳动力人数。这一模型考虑到了工资、失业水平对迁移者的吸引,合理地表示了人口迁移的主流方向是从农业劳动力较多的地区流向农业劳动力较少的地区;从收入较低的地区流向收入较高的地区。但该模型没有考虑迁入地是否具有接受迁出地人口迁出规模的能力。

2. 托达罗人口流动模型

英国著名的发展经济学家刘易斯在 20 世纪 50 年代中期提出了第一个人口流动模型。他认为,发展中国家普遍存在着"二元经济结构"。农村剩余劳动力的劳动边际生产率等于零,这时只要工业部门需要,就可以从农业部门中得到无限的劳动力。这一发展态势持续到把农村剩余劳动力全部转移到工业部门为止。美国发展经济学家托达罗(M.P. Todaro)针对农村人口流入城市与城市零售业同步增长的矛盾,提出了著名的"托达罗人口流动模型"。他指出,人口流动是人们对城市预期收入差异 d 的反应,它等于城市实际工资水平 w 与就业概率 p 的乘积再减去农业部门的实际收入 y,而从农村迁入城市的人口数 M 是预期收入差异的增函数,即:

$$d = pw - y; M = f(d); f' > 0 \quad (5-5)$$

其中就业概率定义为 $p = r \times N/(S-N)$,r 表示工业现代部门的工作创造率,N 表示工业部门总就业人数,S 表示城市总劳动力规模。托达罗模型构建了人口迁移量与城市就业概率与城乡收入差异之间的联系,强调预期是它与传统人口流动模式的主要差别。从应用的角度来看,模型更多地侧重于在二元经济结构条件下,对农村劳动力向城市转移理论的一种模式上的解释,它表明在这一理论条件下决定迁移的因素和关系,但并没有表达出被解释变量与各因素之间明确的函数关系,在进行定量分析时存在很大的困难。

(二) 国内流动人口定量测算的有关理论

1. 因素分析法

在对人口流动影响因素分析的基础上,构建多元线性或非线性回归模型,如:

$$FN = \beta_0 + \beta_1 x_1 + \beta_2 x_2 + \cdots + \beta_k x_k \quad (5-6)$$

其中，FN 为流动人口数；$x_1, x_2, \cdots\cdots, x_k$ 表示相应的影响因素。

多元回归的方法考虑到影响流动人口总量的各种因素，如城乡收入水平差别，各产业产值或比重，就业的弹性系数，失业率，对于流动人口就业、医疗、教育等方面的政策等。但是从应用角度来看，该方法仍不可取，各种因素的确定和预测本身就是难题，而且各经济社会变量之间会出现较强的相关性，会影响到预测本身的准确性，可信程度将大大降低。

2. 趋势外推预测法

Logistic 曲线是比利时数学家维哈尔斯特（P.F. Verhulst）首先发现的一种特殊曲线。后由美国生物学家和人口统计学家伯尔（P. Pearl）和里德（L.J. Reed）在大量研究生物繁殖和生长过程、各国人口增长情况之后重新提出的，它是用于模拟生长过程的数学模型。龚珀兹（Gompertz）是英国统计学家和数学家，他最初把 Gompertz 曲线作为控制人口增长率的一个数学模型，与 Logistic 曲线一样，Gompertz 曲线的形状呈 S 形，分布为从 0 到上限 K，但曲线并不是对称的。Gompertz 曲线适用于拟合与预测那些本身发展密切依赖于人口数量的增减和居民消费能力高低的产业的发展过程，并且 Gompertz 曲线趋于极限 K 的速度较慢。

3. 灰色预测法

灰色理论是由我国学者邓聚龙于 20 世纪 80 年代前期提出，是用于控制和预测的新理论和新技术。与概率论研究"大样本不确定性"问题、模糊理论研究"认知不确定性"问题不同，灰色理论是研究"少数据不确定性"问题，即研究的是"部分信息已知,部分信息未知"的"小样本""贫信息"的不确定性系统。灰色理论已初步形成较为完善的模型、方法和技术体系,广泛应用于社会、经济、科技、生态等领域。其中,灰色预测GM(1,1)模型因其所需信息少、运算方便、建模精度较高而被广泛应用于各种预测领域。不少学者应用这一模型对流动人口进行预测。

除上述方法外,也可根据常住人口与流动人口之比例来判断未来流动人口数量。但是常住人口的数量本身就在不断变化,而且预测起来也相当复杂。再把它作为一个已知量去预测流动人口数量,必将造成很大的误差。因此这种方法一般也不宜采用。

本书人口预测模型以某一年人口分布为基础,逐年对人口结构进行调整。调整包括人口出生、人口死亡、人口迁入和人口迁出。出生人口变动依据地区出生率和适龄生育人口数进行测算;人口死亡依据生命表 CL3 和 CL4 进项调整;人口迁入和人口迁出合并计算人口净迁入(或迁出),按时间序列为未来情况进行测算。

(三) 影响北京市常住外来人口预测的有关因素分析

1. 常住外来人口规模

北京市常驻外来人口规模由 2006 年的 403.4 万人扩增为 2014 年的 818.7 万人,实现了翻倍增长(见图 5-2)。2006—2010 年北京市常住外来人口增速较快,增长率均在 13% 以上;2011 年北京市常住外来人口增长率骤减,为 5.3%,此后每年增长率递减,到 2014 年为 2%。

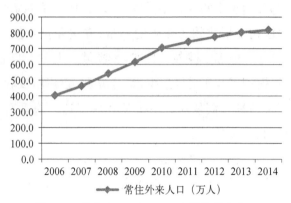

图 5-2　北京市 2006—2014 年常住外来人口

2. 经济社会原因

社会的开放、经济的发展导致人口城乡间和城际间的流动。影响北京市人口迁徙流动的原因主要划分为经济型原因和社会型原因两类。其中,经济型原因包括务工经商、工作调动、学习培训等;社会型原因包括随迁家属、投亲靠友、婚姻嫁娶、拆迁搬家等。根据 2013 年北京常住外来人口离开户口登记地原因看,务工经商所占比重高达 66.8%,随迁家属和学习培训的比例分别为 11.2% 和 7.1%,而其他原因如投亲靠友、婚姻嫁娶等比例均不足 5%。

3. 城乡工资水平差异

根据 2014 年北京市统计局人口抽样调查结果显示,北京市常住人口环路人口分布呈圈层向外拓展,即由二环、三环内向四环外聚集。三环至六环间,聚集了 1 228.4 万人的常住人口,占全市的 57.1%;四环至六环间聚集了 941 万人,占全市的 43.8%;五环以外 1 098 万人,占全市的 51.1%。

常住外来人口与常住人口在环路分布情况基本一致,且向外拓展聚集的特点更加突出。三环至六环间,聚集了637.6万人的常住外来人口,占全市的77.9%;四环至六环间聚集了532.1万人,占全市的65%;五环以外422.5万人,占全市的51.6%。

考虑到常住外来人口的地理分布,既包括城市核心区,也包括远郊区县,故不做额外调整。

4.历年流入人口数量

北京市常住外来人口受经济和政策因素影响,净流入人口数于2011年骤减到37.5万人,此后逐年递减(见图5-3)。

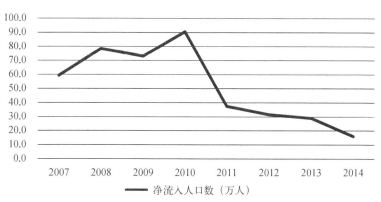

图5-3 北京市2007—2014年净流入人口数

三、北京市常住外来人口预测基础数据

计算北京市常住外来人口首先要测算北京市常住外来人口的性别和年龄结构。以北京市统计局发布的2010年的北京市常住外来人口的性别年龄分布为基础,根据北京市统计局每年发布的当年北京市常住外来人口总人口数作为调整,按照一定符合北京市常住外来人口特点的精算假设逐年进行调整,得到每年的人

口预测模型。

假设100岁以上老人年龄成均匀分布,2010年北京市常住外来人口总人口数为7 044 533人,其中男性人口数为3 826 305,占比54.3%,女性人口数为3 218 228,占比45.7%(见表5-2)。

表5-2 2010年常住外来人口描述统计分析　　单位:人

年龄	男	女
0	8 763	7 336
1	24 833	20 546
2	26 248	21 404
3	25 444	21 100
4	23 219	18 844
5	21 064	17 059
6	20 775	16 081
7	17 430	13 382
8	17 998	13 891
9	17 475	13 598
10	17 397	13 366
11	13 967	11 231
12	13 140	10 326
13	11 056	8 792
14	10 438	8 238
15	14 228	10 816
16	25 513	18 547
17	48 432	37 411
18	69 209	58 598

第五章　北京市常住外来人口养老基金基础人口测算

续　表

年龄	男	女
19	91 580	80 166
20	139 869	124 338
21	144 100	130 838
22	142 592	131 990
23	159 749	149 030
24	144 997	136 080
25	129 457	119 180
26	131 453	121 778
27	129 944	121 023
28	146 703	135 820
29	124 248	111 640
30	113 165	99 536
31	111 845	96 812
32	103 663	87 655
33	90 737	74 388
34	94 920	76 251
35	89 602	71 304
36	91 496	71 556
37	92 111	71 219
38	90 691	69 250
39	86 943	65 225
40	90 343	67 915
41	77 185	57 616

续 表

年龄	男	女
42	79 364	59 441
43	60 300	44 402
44	65 059	46 661
45	58 250	42 019
46	53 478	38 669
47	58 718	41 298
48	41 450	29 213
49	21 335	15 487
50	24 454	16 954
51	20 730	14 098
52	25 190	17 511
53	26 753	19 294
54	23 434	17 963
55	23 426	18 750
56	22 716	19 349
57	19 867	17 522
58	19 457	17 244
59	16 105	14 670
60	15 419	13 864
61	13 777	12 414
62	10 763	10 174
63	9 847	9 427
64	8 982	8 376

续 表

年龄	男	女
65	7 595	7 172
66	6 710	6 423
67	5 745	5 639
68	5 281	5 530
69	4 888	4 970
70	4 913	4 650
71	3 821	3 675
72	3 894	3 749
73	3 579	3 021
74	2 948	2 692
75	2 490	2 492
76	2 033	1 988
77	1 884	1 674
78	1 356	1 281
79	1 167	1 013
80	1 113	1 150
81	776	829
82	674	761
83	521	590
84	396	467
85	363	456
86	241	357
87	204	302

续 表

年龄	男	女
88	189	242
89	160	229
90	96	207
91	78	127
92	69	117
93	40	104
94	40	75
95	29	57
96	29	55
97	38	44
98	21	36
99	18	27
100	2	10
101	2	10
102	2	10
103	2	10
104	2	10
105	0	1
合计	3 826 305	3 218 228

如图 5-4 所示，人口数年龄分布从 16 岁开始迅速上升，在 23 岁左右达到峰值，此后呈下降趋势。其中适龄劳动力人口为 6 242 978 人，占总数的 88.6%。由此可看出北京市常住外来人口的劳动力资源充沛。另外，3 岁以上 16 岁以下人口数量逐年递

减,推测有两方面原因:一方面为常住外来人口激增的结果,一方面来自政策方面对外来户口就学考试的限制。

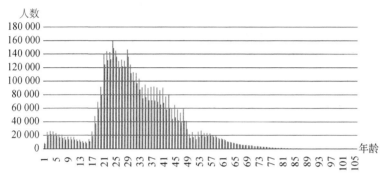

图 5-4 北京市人口数年龄分布

四、北京市常住外来人口预测精算假设

(一)死亡率假设

采用保监会发布的中国人寿保险业务经验生命表(2000—2003)的 CL3 和 CL4 表,即养老金业务的经验生命表。

生命表是反映一个国家或者一个区域人口生存死亡规律的调查统计表。即追踪一批人,逐年记录该人群的死亡人数,得到该人群从出生到死亡为止的各年龄死亡率,并进一步构成表格式模型。生命表通常以 10 万人(或 100 万人)作为 0 岁的生存人数,然后根据各年中死亡人数、各年末生存人数计算各年龄人口的死亡率、生存率,列成表格,直至此 10 万人全部死亡为止。生命表上所记载的死亡率、生存率是决定人寿保险费的重要依据。

(二) 生育率假设

本模型以统计局发布的 2010 年的北京市常住外来人口年龄—性别分布为基准,测算截至 2024 年的人口模型。由于 2011 年的新生婴儿数量在测算阶段内始终不计入适龄劳动力人口,不对测算结果产生影响,故假设每年新生婴儿数量和男女比例与 2010 年保持一致。

(三) 人口净流入率假设

统计局发布的资料显示,北京市常住外来人口净流入人口数于 2011 年骤减,此后逐年递减。在根据 2011—2014 年数据做线性回归的基础上手动调整得到北京市常住外来人口净流入测算值。这里假设外来人口净流入呈减缓下降趋势。测算的结果自 2015 年开始为 8 万人、7.5 万人、7.5 万人、6 万人、6 万人、6 万人、5.7 万人、5.5 万人、5.3 万人、5 万人。

北京市常住外来人口每年有一定的自然死亡率,该死亡率采用中国人寿保险业务经验生命表(2000—2003)的养老金测算表(即 CL3 和 CL4)进行计算。对北京市常住外来人口影响较大的是迁入率和迁出率,根据北京市常住人口总数的数据和自然死亡测算后的结果可以得到当年的净迁入人口数或者净迁出人口数。根据北京市常住外来人口劳动力年轻化的特点,假设每年的人口只存在迁入不存在迁出,迁入总人口数为算出的净迁入人口数,且迁入人口以一定比例分布在 16—30 岁。这样的假设符合北京市劳动人口劳动力年轻化的特点。通过上述方法可以预测出 2011—2014 年北京市常住外来人口的人口结构。

2000—2014年北京市常住外来人口总数一直呈递增势态,2010—2014年虽然总数保持每年递增,但是增幅逐年下降,增长率也逐年下降。采用时序模型的方法预估2015—2024年的北京市常住外来人口变化趋势,依旧是每年有净迁入人数且迁入人数逐年递减。该种假设是相对保守的。

北京市常住外来人口自然死亡的测算结果和人口迁入迁出的测算结果叠加即可得到每年的人口结构,加入对未来人口流入的预测可以测得未来10年(即2015—2024年)每年的人口结构测算结果,该模型测算结果是预测养老金收支重要基准。

五、养老基金基础人口测算模型

根据我国规定,处于16—59周岁的男性和16—54周岁的女性为适龄劳动人口,用$(LP)_t$表示t年适龄劳动人口,$P_{t,x}^m$和$P_{t,x}^f$分别表示t年x岁的男性人口数和女性人口数,则适龄劳动人口可以由人口的性别和年龄结构分布数据计算得出,方法如下:

$$(LP)_t = \sum_{x=16}^{59} P_{t,x}^m + \sum_{x=16}^{54} P_{t,x}^f \qquad (5-7)$$

在全部适龄劳动人口中,只有一部分每年缴纳养老金。一部分人由于疾病、家庭、上学等原因主动放弃就业,如家庭主妇,剔除这一部分剩下的为经济活动人口;经济活动人口中,部分人由于失业等被动原因不在岗位上,剩下的人口为在岗人口。分别用$(RLP)_t$和$(RU)_t$表示t年劳动参与率和失业率,则有t年在岗人口数$(EP)_t$为:

$$(EP)_t = (LP)_t \times (RLP)_t \times (1-(RU)_t) \quad (5-8)$$

在所有就业人口中,只有企业员工缴纳养老金,企业劳动人口也只有一定比例的人口每年缴纳养老金。令 $(RCLP)_t$ 为 t 年企业员工总数占当年总就业人口的比率,$(RC)_t$ 表示 t 年企业劳动人口参保率,则 t 年养老保险的缴费人口 $(TCL)_t$ 为:

$$(TCL)_t = (EP)_t \times (RCLP)_t \times (RC)_t \quad (5-9)$$

根据公式(5-7)、公式(5-8)和公式(5-9)在相关假设的基础上可以测算出 t 年缴纳养老金的人口数。

将人口测算的结果和上述假设代入公式(5-7)、公式(5-8)和公式(5-9),即可测算出北京市常住外来人口未来十年每年的养老保险缴费人数,具体测算结果如表5-3所示。

表5-3 养老基金缴费人数测算结果 单位:人

	16—59岁男性	16—54岁女性	适龄劳动人口合计	参保缴费人数	增加人数	增加率(%)
2015	3 992 048	3 315 052	7 307 099	3 588 294		
2016	4 021 113	3 346 993	7 368 106	3 618 118	29 824	0.831
2017	4 046 916	3 365 514	7 412 429	3 639 934	21 816	0.603
2018	4 066 766	3 365 216	7 431 982	3 649 825	9 891	0.272
2019	4 090 204	3 366 991	7 457 195	3 662 512	12 687	0.348
2020	4 113 185	3 368 126	7 481 311	3 674 664	12 152	0.332
2021	4 137 653	3 364 206	7 501 859	3 685 173	10 509	0.286
2022	4 143 693	3 363 313	7 507 006	3 687 802	2 630	0.071
2023	4 134 260	3 348 875	7 483 135	3 676 194	−11 608	−0.315
2024	4 135 383	3 337 208	7 472 591	3 671 233	−4 960	−0.135

第五章 北京市常住外来人口养老基金基础人口测算

六、结 果 分 析

从北京市常住外来人口中看出:适龄劳动男性人数由2015年的3 992 048人增加到2024年的4 135 383人,呈缓慢上升趋势;适龄劳动女性人数先增后减,由2015年的3 315 052人缓步上涨到2020年的3 368 126人,再缓步下降到2024年的3 337 208人。

北京市常住外来人口总的养老保险缴费人数也呈现先增后减的趋势:由2015年的3 588 294人逐年增加到2022年的3 687 802人,再逐年减少到2024年的3 671 233人。初步分析这种先增后减的趋势由两部分原因造成:一个原因是预测未来北京市常住外来人口总数的增幅逐渐降低,新加入养老基金的人数逐年减少;另一个原因是人口结构测算相对保守。

以2010年为例,图5-5为北京市常住人口和北京市常住外

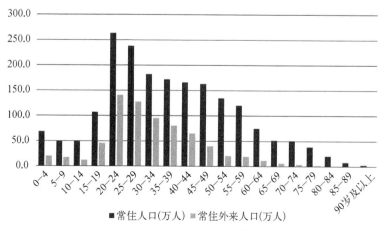

图5-5 2010年北京市人口结构对比

107

来人口的分段年龄结构对比。北京市常住外来人口和北京市常住人口随着年龄的增加总体上先增后减,在20—24岁达到顶峰;0—14岁是一个逐年递减的趋势,15—19岁人口数开始反弹。常住外来人口和常住人口的主要差别在30—50岁。常住外来人口分年龄段人口数在20—49岁随年龄增加以稳定比率递减,50岁之后递减放缓;常住人口分年龄段人口数在20—49岁随年龄增加平缓下降,50—69岁下降增速。综上,北京市常住外来人口相较北京市常住人口年轻劳动力资源更为丰富。

从性别比的角度看,北京市常住外来人口男女性别比为1.19∶1,北京市常住人口男女性别比为1.07∶1。北京市常住外来人口相较北京市常住人口男性劳动力资源更为丰富。

第六章
北京市常住外来人口养老基金缴费基数测算

北京市常住外来人口统计数据始于1978年,当时全市常住外来人口数量为21.80万人,仅占全部人口的2.5%,直到1995年,常住外来人口占常住人口的比重一直在6%以下,这一时期,常住外来人口的流入速度一直保持在较低水平。但从1995年开始,北京常住外来人口流入速度开始以"倍数"速度增长,如1995年北京常住外来人口达到了180.80万人,这个数字是1994年常住外来人口数量的2.87倍。2000年突破200万,2007年达到419.7万人,2009年突破500万,2010年达到了704.7万,外来人口在常住人口中的比重达到了35.9%[①]。

由于这些人口离开了户籍所在地,无法享受户籍所在地的社会保险待遇,再加上北京市社会保险对户籍和就业的限制政策(见表6-1),这使北京市常住外来人口既很难享受户籍所在地社

---

① 数据来源:北京市统计局,《北京统计年鉴2011》,北京市统计局网站:www.bjstats.gov.cn。

会保险待遇,又面临加入北京市社会保险体系的一些障碍或者限制,处于一种游离于"社会保险体系"之外的边缘化状态。以外地农村户口为例,这部分人必须是正规就业才能参保,而灵活就业的外地农村户口人员(如个体化)是不能加入北京市的社会保险体系的。

表6-1 北京市外来农民工社会保险缴费一览表

项目	人员类别	文件依据	月缴费基数			缴费比例(%)		备注
			标准	上限	下限	单位	个人	
养老保险	外地农民工	京劳险发〔1999〕99号	上年本市月最低工资标准	—	—	20%	8%	
失业保险	外地农民工	京劳险发〔1999〕99号	上年本市月最低工资标准	—	—	1.50%	农民工个人不缴费	
医疗保险	外地农民工	京劳社办发〔2004〕101号	上年月社平工资的60%	—	—	2%	个人不缴费	
工伤保险	外地农民工	京劳社办发〔2004〕101号	本人上年月平均工资	上年月社平工资的300%	上年月社平工资的60%	行业差别费率	个人不缴费	必须参加
生育保险	外地农民工	市政府〔2005〕154号令	外地农民工不参加生育保险					

一、中国基本养老保险制度的选择与变迁

1951年2月,《中华人民共和国劳动保险条例》由政务院第73次会议批准、颁布实施,决定对企业职工在养老等方面给予一

第六章 北京市常住外来人口养老基金缴费基数测算

定的物质补助,并于1953年3月对这一条例做了重新修订之后正式颁布实施。1954年,国务院发布了《关于劳动保险业务移交工会统一管理的联合通知》,规定劳动保险收支管理由中华全国总工会负责,劳动部负责企业劳动保险有关政策、法规的制订和颁布实施等。当时,企业缴费比例约为企业工资总额的3%,其中30%上缴全国总工会作为全国劳动保险总基金,70%存于企业工会。养老金约为职工本人工资的50%—70%。1955年,国家对国家机关、事业单位工作人员的退休条件和退休待遇做了规定。1957年,全国实行《劳动保险条例》(以下简称《条例》)的企业职工就达到1600万人,再加上不具备实行《条例》条件而与企业签订集体劳动保险合同的职工也有700万人,使社会保险制度的覆盖面达到了当时国营、公私合营、私营企业职工总数的94%。这一时期我国的养老社会保险制度发展相当快。到1958年,我国城镇基本上建立了统一的养老保险制度。

1966—1976年,养老保险制度与其他各项社会保障制度一样受到了严重破坏,管理机构被撤销,退休费用社会统筹被撤销,养老社会保险变成了"企业保险"。1978年6月,国务院颁布了《关于安置老弱病残干部的暂行办法》和《关于工人退休、退职的暂行办法》,重新规定了离退休的条件及待遇标准。1982年,国务院颁布了《关于老干部离职休养的暂行规定》,对中华人民共和国成立前参加工作的机关企事业单位的部分老干部实行离职休养制度,提高了他们的生活待遇。1983年,劳动人事部发布了《关于建国前参加工作的老工人退休待遇的规定》,对这部分老工人退休养老金按其本人退休前标准工资100%发放。1983年,国务院颁布了《关于城镇集体所有制经济若干政策问题的暂行规定》,要求集体企业要根据自身的经济条件,提取一定数额的社会保险金,逐步建立社会保险制度,解决职工年老退休、丧失劳动能力的生活保障问题。到1984年年底,基本解决了"文革"期间遗留的200多万人应退休而未退的问题,离退休职工养老待遇水平显著提高。但是,这次改革仍然是在"企业保险"范畴内的调整与改革,并没有完全恢复社会养老保险制度。

1984年,中国各地进行养老保险制度改革,实行养老保险费用社会统筹。1991年6月,国务院在总结国内外养老保险制度改革经验和教训的基础上,发布了《关于企业职工养老保险制度改革的决定》,对养老保险费用实行社会统筹的做法给予了肯定,并提出要建立基本养老保险、企业补充养老保险和个人储蓄性养老保险等多层次养老保险体系,养老保险费用由国家、企业和个人三方共同负担的改革思路。1993年,党的十四届三中全会通过的《中共中央关于建立社会主义市场经济体制若干问题的决定》确定,基本养老保险和基本医疗保险实行社会统筹与个人账户相结合的制度,并在上海、广东、宁波等地进行了新制度的试点。

1995年,国务院下发了《关于深化企业职工养老保险制度改革的通知》,明确了我国养老保险制度改革的目标、原则、任务,提出深化企业职工养老保险制度改革的若干政策措施,提出了社会统筹与个人账户相结合的两个具体实施办法由各地进行试点。1997年,国务院统一了企业职工基本养老保险制度,针对各地养老保险改革出现的混乱局面,提出了实行"统一制度、统一标准、统一管理和统一调剂使用基金"的目标。1997年7月,由国务院颁布了《关于建立统一的企业职工基本养老保险制度的决定》(以下简称《决定》),明确了"社会统筹与个人账户相结合的模式是中国城镇企业职工基本养老保险的统一制度模式",在多方面对城镇企业养老保险制度进行了统一:① 规范了企业和职工个人的缴费比例。"企业缴费比例一般不超过企业工资总额的20%,具体比例由各省、自治区、直辖市政府确定;个人缴费比例1997年不得低于4%,以后每两年提高一个百分点,最终达到8%。"② 统一了个人账户的规模。"按本人缴费工资的11%为职工建立基本养老保险个人账户,个人缴费全部计入个人账户,其余部分从企业缴费中划入。"③ 统一了养老待遇的计发办法。"职工(新人)个人缴费满15年后,退休后可按月领取基本养老金,基本养老金由基础养老金和个人账户养老金组成,基础养老金月标准为本地区上年度职工月平均工资的20%,个人账户养老金月标准为本人账户全部储存额的1/120,缴费年限累计不满15年的,不享受基础养老金待遇,个人账户储存额一次性支付给个人。""决定实施前参加工作决定实施后退休的职工(中人),除基础养老金和个人账户养老金外,再按缴费前的工作年限,另外增发过渡性养老金,已退休职工(老人)的养老金,仍然按过去的标准由企业缴费形成的社会统筹基金解决。"此外,《决定》还要求对养老资金的管理实行收支两条线,逐步实现养老金的社会化发放和省级统筹等。

为解决养老基金的缺口和尽快消化转制成本,2000年,国务院制定了《关于完善城镇社会保障体系的试点方案》,并于2001年7月在辽宁省进行试点。试点的一个重要内容,就是在坚持社会统筹与个人账户相结合的制度的前提下,调整个人账户规模,加强个人账户基金管理。辽宁省个人账户规模由11%调整到8%并实行实账积累,与统筹基金分开管理。这样做的好处是:避免个人账户基金被挪用,造成恶性循环。试点的另一重要内容是调整基础养老金计发办法,基础养老金月标准为职工退休时上年度本市职工月平均工资20%,缴费年限超过15年的每超过一年增发0.6%,有助于激励职工参保缴费的积极性。国务院在总结辽宁试点经验的基础上,2004年又将试点范围扩大到吉林、黑龙江两省。个人账户由一步做实调整为分步做实,实现积累基金的保值增值。考虑到两省经济发展水平和各方面的承受能力,两省采取逐步做实、增加积累的办法,从5%起步做实个人账户,做实后的个人账户基金由省级社会保险经办机构管理,纳入社会保障基金财政专户。完善基本养老金计发办法,逐步建立参保缴费的激励和约束机制。养老金计发办法的完善,突出体现在个人账户养老金根据本人个人账户累计储存额并考虑城镇人口平均预期寿命与退休年龄的因素计发,通过对计发月数的调整,个人账户的自我负担系数有所提高,个人账户储存额的支付缺口问题有所缓解。同时,根据退休年龄设置不同的计发月数,提前退休待遇相对较低,从而鼓励职工缴费,建立激励机制。这一调整,也为今后实施弹性退休政策做好了制度准备。

在充分调查研究和总结过去20年来养老保险改革经验的基础上,国务院于2005年12月发布《关于完善企业职工基本养老保险制度的决定》,该决定提到,从2006年1月1日起,我国基本养老保险个人账户的规模统一由本人缴费工资的11%调整为8%,全部由个人缴费形成,单位缴费不再划入个人账户,同时,进一步完善鼓励职工参保缴费的激励约束机制,相应调整基本养老金计发办法。这一次在全国范围内的改革,是对经过东北地区试点实践检验的政策的一种推广,其目标就是为了突出公平,完善制度,进而促使基本养老保险制度走向定型。

第六章 北京市常住外来人口养老基金缴费基数测算

二、北京市常住外来人口特征调查分析

本次调查从2013年7月到2015年9月,共涉及调查对象共有1 140个,分布在北京市16个区县,其中男性472人,占总体的41.4%;女性668人,占总体的58.6%。常住外来人口年龄构成以"80后"为主,调查对象中最小的16岁,最大的66岁,平均年龄为32.6岁,年龄中位数为30岁。图6-1显示的是常住外来人口的年龄结构情况(以10岁分组):占比例最大的是23—32岁("80后")组,约占总数的50.7%;其次是33—42岁("70后")组,约占21.4%;"70后""80后"两者占到总体调查结果的72.1%,而43岁以上、22岁以下的人口只占到总体的27.9%。这说明目前的常住外来人口以青壮年为主,高龄和低龄的常住外来人口所占比例都较小。

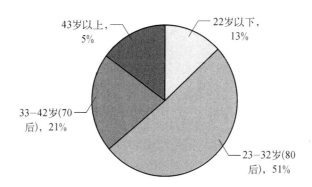

图6-1 北京市常住外来人口年龄结构

数据来源:北京市常住外来人口社会保障体系调查问卷。

常住外来人口的婚姻状况与多年前相比已有改变,在调查对象中已婚的比例为52.9%,未婚的为47.1%,两者之间比例差距

在逐渐缩小。

常住外来人口的受教育程度以初中为主,大约占 35.7%;高中和中专分别占了 21.4% 和 14.3%,两者相加也才 35.7%,三者约占总数的四分之三;受过大专及以上和小学教育的比例为 15% 和 13.6%(见图 6-2)。本次调查人员的平均受教育程度为 10.6 年,中等教育程度(初、高中和中专)构成了目前北京市常住外来人口的主要部分,并明显可以看出常住外来人口受教育程度已经在逐步提高。

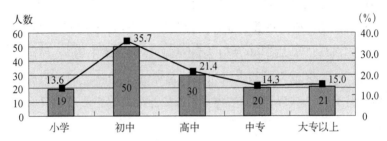

图 6-2 北京市 2012 年常住外来人口受教育程度构成

数据来源:北京市常住外来人口社会保障体系调查问卷。

常住外来人口的户籍大部分为农业户口。在调查对象中,大部分常住外来人口仍然是农业户口,有 765 人,占 67.1%,而具有非农业户口的仅有 375 人,约占 32.9%。

三、北京市常住外来人口社会保险状况调查分析

(一) 北京市常住外来人口的社会保险项目需求分析

根据调查结果分析,北京市常住外来人口社会保险需求

排名第一位的是医疗保险,占 32.9%;其次是养老保险,占 30%,值得注意的是对工伤保险的需求仅有 4.3%。通过进一步了解得知,更多的常住外来人口因流动性较强,工伤保险的局限性又较大,因此认为医疗保险对于他们在北京生存更重要;其次,因为工伤保险的缴费制度(个人不缴费),使部分常住外来人口将工伤保险主观地归入了医疗保险范畴(见表6-2)。

表 6-2 北京市 2012 年常住外来人口对
各项社会保险项目的需求程度   单位:%

保 险 类 型	医疗	养老	工伤	失业
样本数量 N = 1 140	32.9	30.0	4.3	20.7

数据来源:北京市常住外来人口社会保障体系调查问卷。

常住外来人口参与社会保险制度的各险种有不同的需求强度,反映了他们对现实生存环境、自身抵御风险脆弱性的考量。常住外来人口对医疗保险、养老保险的参与意愿在很大程度上需要政府和企业的支持与引导,简化程序上的手续,提高人工成本与时间成本的利用率。

(二) 北京市常住外来人口的社会保险参保率分析

从本次调查的常住外来人口数据看,北京市目前常住外来人口的参保率仍然比较低,被调查的常住外来人口中参加医疗保险和养老保险的常住外来人口比例略高,但最高也不到调查总数的一半;参加失业保险和工伤保险的常住外来人口比例更低,其中参加失业保险的比例仅为 16.4%(见表 6-3)。这说明绝大部分常住外来人口被排除在社会体系之外,无法享受相关的社会保险(养老、医疗、失业保险等)的保障,社会保险的保障情况堪忧。

表 6-3 北京市 2012 年常住外来人口参保率情况 单位:%

保 险 类 型	医疗	养老	工伤	失业	合计
样本数量 $N=1\,140$	47.1	41.4	23.6	16.4	100

数据来源:北京市常住外来人口社会保障体系调查问卷。

造成一类特定人群社会保险参保率低的原因是多方面的,其中北京市对于常住外来人口的相关社会保险制度、法规的制定与实施、企事业单位的执行情况及常住外来人口个人等因素都是导致常住外来人口参保率低的可能原因。首先,社会保险政策普及度低。虽说北京市政府在《人文北京行动计划(2010—2012 年)》中提及了对常住外来人口养老保险问题的优化手段,但常住外来人口对市政府的相关政策知之甚少,这也在无形中降低了参保率;其次,政府监管力度不强和企业片面追求经济利益也是导致常住外来人口参保率低的重要原因。最后,常住外来人口缺乏风险意识、对保险内容不了解、就业稳定性差、缴费缺乏连续性、缴费基数过高、账户转移难等一系列因素进一步导致常住外来人口参保率低。如在调查问卷中被问及"您没有参加保险的原因是什么"时,有 25.7% 的被调查者选择了"对保险内容不了解",23.6% 选择了"难以达到保险政策对就业稳定性和缴费连续性的要求",20% 选择了"再次流动时企业与社会统筹部分的保险金难以转移",这三项已经占到选项的 2/3。

（三）北京市常住外来人口的社会保险转移分析

常住外来人口虽然在北京市居住的时间较长，但由于就业的不确定性，他们最为担忧的就是以后无法享受社会保险待遇，即社会保险的可转移能力较差。在北京市的具体实践中虽然有关于外来人口社会保险转移的相关政策，但执行起来并不顺畅。养老保险、失业保险转移困难最大，医疗保险正在逐步推进中，生育保险现无条件转移，工伤保险则是没必要转移。在调查中，超过90.7%的被访问者对养老保险异地转移的流程、实施细则一无所知（见图6-3）。社会保险的转移是个复杂的过程，牵连着多方的利益关系，我国在这方面只有实现全国统筹才能从根本上解决这一问题。

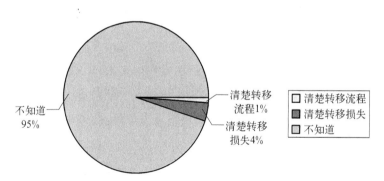

图6-3　北京市常住外来人口对养老保险转移的了解程度

数据来源：北京市常住外来人口社会保障体系调查问卷。

（四）不同流迁意愿对常住外来人口参加社会保险的影响

根据常住外来人口的流迁意愿，可分为打算在北京定居、打算回家乡定居、打算在家乡与北京之间流动、难以确定四个类型。

表 6-4 中的调查数据表明,不同流迁意愿对常住外来人口参加社会保险的影响非常显著。

表 6-4　不同流迁意愿的常住外来人口的参保情况　　单位:%

	医疗	养老	工伤	失业	合计
打算在北京定居	70.6	46.2	35.9	15.4	100
打算回家乡定居	37.5	29.2	14.6	20.8	100
打算循环流动	53.8	32.4	35.3	17.6	100
难以确定	38.2	26.5	17.6	11.8	100

数据来源:北京市常住外来人口社会保障体系调查问卷。

从表 6-4 可以看出,打算在京定居的常住外来人口对社会保险项目的需求程度较高,参保率也较高,尤其是养老、医疗保险项目的参保率分别达到了 70.6% 和 46.2%,明显高于其他人群,这和他们在京工作时间较长、经济承受能力较强有直接的关系。根据调研,参加养老、医疗保险项目的常住外来人口一般在京持续工作 5 年以上,月收入一般在 3 000 元以上。从各类人群社会保险项目的参保率来看,医疗保险项目参保率较高,养老保险和工伤保险参保率次之,这主要和常住外来人口对保险项目的需求有关,对医疗保险项目的需求程度远高于其他保险项目。

四、养老基金缴费基数测算模型理论、数据及假设

本研究采用统计软件 SPSS、R,同时利用 EXCEL 等工具开展研究测算工作。养老金缴纳的金额占工资的一定固定比例,要

第六章 北京市常住外来人口养老基金缴费基数测算

确定养老金缴纳的基准首先要确定每年北京市外来常住人口中缴纳养老金的人口的工资状况。根据北京市统计局公布的自1978年以来的北京市年度在岗职工平均工资可以建立时间序列模型。时序模型可以预测未来的t年的在岗职工平均工资$(AI)_t$。北京市常住外来人口相比较于北京市人口的特点是老龄化程度低、劳动力充足且偏年轻化,反映在平均工资上的特点是北京市常住外来人口的在岗职工平均工资应该低于北京市在岗职工工资的平均水平,因此需在$(AI)_t$的基础上乘以调整因子$(AD)_t$得到调整后的在岗职工平均工资$(AAI)_t$:

$$(AAI)_t = (AI)_t \times (AD)_t \quad (6-1)$$

根据经典文献测算结果及北京市实际情况测定研究采用模型:

$$(AW)_t = 372.73 + 227.26(t-2\,007) - 33.57\,(t-2\,007)^2 + 2.34\,(t-2\,007)^3 \quad (6-2)$$

根据平均工资预测模型,将预测的年份代入得到相应年份的平均工资。

五、北京市常住外来人口养老基金缴费基数测算结果分析

根据时序模型可以预测出未来十年北京市的在岗职工平均工资。再根据公式(6-1)对北京市的在岗职工平均工资进行调整,得到北京市常住外来人口的在岗职工平均工资。进而可以获得缴费基数,具体结果如图6-4和表6-5所示。

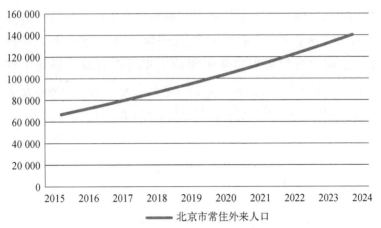

图 6-4 养老金缴费基数

表 6-5 北京市常住外来人口养老
基金缴费基数测算结果

	缴费基数	调整缴费基数
2015	74 222	66 800
2016	81 352	73 217
2017	88 934	80 041
2018	96 982	87 284
2019	105 511	94 960
2020	114 534	103 081
2021	124 066	111 659
2022	134 120	120 708
2023	144 711	130 240
2024	155 853	140 267

第六章 北京市常住外来人口养老基金缴费基数测算

(一) 北京市常住外来人口养老基金缴费基数的变化描述

从2015年开始,未来十年预测的北京市常住外来人口养老金缴费基数呈上升趋势。增长率由9.6%逐年下降到7.7%,呈轻微放缓趋势。

(二) 北京市常住外来人口养老基金缴费基数的评价

和北京市城镇职工相比,北京市常住外来人口的缴费基数相对较低,为前者的90%。从养老基金补充的角度来看,较低的平均工资和缴费基数对基金补充能力是一种弱化,但是从净现值角度来看,北京市常住外来人口的养老基金依旧是要保持流入和流出净现值的等价。

第七章
北京市常住外来人口养老基金收入测算

一、养老基金收入预测模型理论

养老金收入为缴费人口与缴费基准的乘积。缴费人口根据我国人口统计特点逐层进行测算，依次为适龄劳动力人口、经济活动人口、就业人口、企业就业人口和参保人口。每层的比率根据地区平均水平针对人群特点进行调整。根据养老基金规定，企业和个人养老金缴费基准为工资的一定比率，故根据地区在岗职工平均工资的历史水平和平均增长率对未来情况进行测算。北京市养老基金主要由两部分构成：社会统筹账户和个人累积账户。其中，单位缴纳的养老金纳入社会统筹账户，个人缴纳的养老金一般为工资的8%，计入个人累积账户。

二、北京市常住外来人口养老金收入模型

养老金收入是养老金缴费人数、平均缴费工资、缴费率和收

缴率的乘积。令 t 年的养老金缴费率为 $(RI)_t$，t 年的养老金收缴率为 $(REI)_t$，则 t 年养老保险总收入 $(TI)_t$ 为：

$$(TI)_t = (TCL)_t \times (AAI)_t \times (RI)_t \times (REI)_t \quad (7\text{-}1)$$

根据公式(7-1)和相关精算假设以及人口测算结果可以得到每年北京市常住人口养老金收入总额。

模型参考文献，基本就是多个因素相乘。养老金缴费率为法定：单位每个月缴纳20%，个人缴纳8%，合计为工资的28%。

三、北京市常住外来人口养老金收入测算精算假设

每年缴费人口总数 $(TCL)_t$ 和缴费工资基准 $(AAD)_t$ 可以采用上述模型、套用公式得到预测值；根据相关历史资料和北京市常住外来人口的人口特点，假设未来十年养老金保险的缴费率不发生改变，企业和个人的合计缴费率 $(RI)_t$ 为28%，收缴率 $(REI)_t$ 为90%，男性和女性的劳动参与率 $(RLP)_t$ 分别为80%和75%，失业率 $(RU)_t$ 维持在5%的水平，常住外来人口就劳动力的企业单位工作率 $(RCLP)_t$ 为70%，企业单位工作人员参保率 $(RC)_t$ 为95%，调整因子 $(AD)_t$ 为90%。其中，合计缴费率 $(RI)_t$、收缴率 $(REI)_t$、企业单位工作人员参保率 $(RC)_t$ 与北京市整体水平保持一致；男性和女性的劳动参与率 $(RLP)_t$ 和失业率 $(RU)_t$ 均高于北京市平均水平；企业单位工作率 $(RCLP)_t$ 则低于北京市劳动人口的平均水平。

其中，有一些分界的界限是很难鉴定的，如劳动参与率；主动放弃就业的主动性很难判断，也就不会有准确数据；还有一些数

据是难以获得的,如失业率,能获得的只有登记失业率,但是登记失业率远小于实际失业率,此处参考价值有限。所以测试的假设基本参照已有文献中关于城镇人口的假设,在部分假设上进行改动以符合常住外来人口的人口特点。常住外来人口的人口特点主要为年轻劳动力充足、人员流动性较大。反映到假设上面就是劳动参与率较高、失业率较高、企业单位工作率较低和平均工资较低。以失业率为例,2014年城镇登记失业率为1.21%,文献中假设的城镇人口失业率为2%,考虑到常住外来人口的高流动性,可以假设失业率翻倍,为4%,从一个比较保守的测算角度,在其基础上加100 pb,取常住外来人口的失业率为5%。

四、北京市常住外来人口养老金收入测算结果

将表5-3养老金缴费人数测算结果和表6-5养老金基金缴费基数测算结果的数值代入公式(7-1),根据假设的合计缴费率和收缴率,可以测出未来十年每年的养老保险基金的收入总额,具体结果如表7-1所示。

表7-1 北京市常住外来人口养老基金收入测算结果

	缴费基数(元)	调整缴费基数(元)	缴费人数(人)	缴费额(万元)	增加额(万元)	增长率
2015	74 222	66 800	3 588 294	6 040 406		
2016	81 352	73 217	3 618 118	6 675 659	635 254	10.5%
2017	88 934	80 041	3 639 934	7 341 831	666 172	10.0%
2018	96 982	87 284	3 649 825	8 028 009	686 178	9.3%

续 表

	缴费基数（元）	调整缴费基数(元)	缴费人数（人）	缴费额（万元）	增加额（万元）	增长率
2019	105 511	94 960	3 662 512	8 764 362	736 354	9.2%
2020	114 534	103 081	3 674 664	9 545 451	781 089	8.9%
2021	124 066	111 659	3 685 173	10 369 408	823 957	8.6%
2022	134 120	120 708	3 687 802	11 217 740	848 332	8.2%
2023	144 711	130 240	3 676 194	12 065 452	847 712	7.6%
2024	155 853	140 267	3 671 233	12 976 851	911 398	7.6%

从表7-1中可以看出，北京市常住外来人口的养老金收入保持了快速增长的趋势，各年的绝对增幅较大，2015年仅为6 040 406万元，到2024年就达到12 976 851万元，10年间实现了翻倍增长。然而在绝对缴费增额不断加大的情形下，相对增长率有所放缓，主要原因是近年来和预期中北京市外来常住人口增长下降引起的。

第八章
北京市常住外来人口养老基金支出测算

一、外来人口养老基金支出测算模型理论

(一) 西方养老金给付理论

国外对于养老保险基金支付能力(pension solvency)的研究多是围绕现收现付模式的养老保险制度改革而展开的。Roseveare等(1996)提出延迟退休年龄1—2岁将会极大地缓解公共养老金收不抵支的危机。Boldrin等(1999)以欧盟为研究对象,指出导致养老保险基金支付能力不足的三个主要原因是养老金调整率过高、生育率降低和平均预期寿命增加,并建议通过欧洲劳动力市场自由化来解决养老金赤字问题。Casamatta(2000)、Galasso & Profeta(2004)相继论证了"制度参数调整"做法的脆弱性和不稳定性,认为人口结构变动和经济发展使得制度参数调整具有一定合理性,但如果该做法受到政治因素的影响,将会加剧制度的不公正性。Miles & Timmermann(1999)通过统计分析和敏感性

测试,对现收现付模式和积累模式的制度风险进行比较,认为从现收现付模式转为积累模式要考虑到隐性债务和基金投资风险。Salvador Valdés-Prieto(2005)提出不需要转制成本就可以克服现收现付模式的缺点以及降低政治风险、发展金融市场的策略,即在现收现付模式融资制度成熟的前提下建立名义账户制(NA)和以税收为主的养老保险基金的资本化运作,以期通过制度改革方式提高基金支付能力。关于养老保险基金支付能力测度方法的研究,对于待遇确定型的养老计划,Haberman等(2000)引入一种性能标准,将支付扩展期间或支付债务作为控制变量,对影响养老保险基金收支及其安全性的两类风险——贡献率风险和支付能力风险同时进行最低风险处理,得到支付扩展期间和支付债务的最优值。María del Carmen Boado-Penas等(2007)通过引入名义账户缴费确定型养老保险制度参数来计算所需的宏观经济指标,以测度西班牙养老保险制度的支付能力,认为在宏观经济指标预测值与现实拟合度很低的情况下,将增加未来养老保险基金收支失衡的风险。María del Carmen Boado-Penas等(2008)主张利用资产负债表而不是仅采用负债指标来测度现收现付模式的养老保险制度下的养老保险基金支付能力。

(二)我国养老金给付理论

国内对于城镇企业职工基本养老保险基金支付能力的界定较为统一,测度方法有所不同。熊俊顺(2001)认为养老保险基金支付能力即为期末结余的城镇企业职工基本养老保险基金按目前的养老金支付水平支付尚能支持的时间。王晓军(2002)引入

北京市常住外来人口养老基金收支测算研究

基金率(年初的基本养老保险基金在下年度支出中的比例)测度基金支付能力。根据测算基础的不同,国内对于养老保险基金支付能力的测度方法分为总体法和分账户法。总体法是不区分社会统筹账户和个人账户,对基金支付能力进行总体测算的方法。熊俊顺(2001)构建的基本养老保险基金支付能力预警模型以当年的养老金月平均支出额(而不是当年的实际基金支出)为测算基础,但未能考虑职工死亡及其他支出,使得预测结果偏大。王晓军(2002)根据1997年颁布的国发〔1997〕26号文件《国务院关于建立统一的企业职工基本养老保险制度的决定》中的养老金计发办法预测未来50年的基金收支,测算结果对于现行政策(即2005年颁布的国发〔2005〕38号文件《国务院关于完善企业职工基本养老保险制度的决定》)下养老金计发的指导意义不大。分账户法是区分社会统筹账户和个人账户,并进行养老保险基金支付能力分别测算的方法。张勇(2007)运用寿险精算理论,构建了我国个人账户的精算模型,修正了个人账户支付能力的计算方法。

根据研究梳理文献,本研究养老金支出根据"老人老办法""中人过渡办法""新人新办法"的原则,将人口划分为"老人"和"中人""新人"。"老人"养老金发放为"老人"人口数和养老金发放基准的乘积。"老人"人口数根据人口预测模型的结果和领取养老金人口比率进行测算,"老人"养老金根据相关规定以1997年的7 572元作为基数,逐年根据前一年的工资增长率进行调整,未来工资增长率的预测应与收入模型中的增长率保持一致。"中人""新人"养老金支出测算时需要分别计算当年领取养老金的"中人""新人"人口数量并测算各年退休的人口当年领取养老

第八章 北京市常住外来人口养老基金支出测算

金的基准,乘积求和得到当年的"中人""新人"养老金支出。

二、外来人口养老基金支出测算基础数据及精算假设

"老人"指 1998 年以前退休的人,"老人"按照老办法发放养老金;"中人"指在 1998 年以前加入养老保险并且在 1998 年之后退休的人,"中人"在发放社会统筹的养老金和个人账户养老金之外再发放过渡性养老金;"新人"指在 1998 年之后加入养老保险的人,退休后只发放社会统筹的养老金和个人账户养老金。

在测算北京市外来常住人口的养老金支出时,应分"老人"和"中人""新人"来计算养老金领取人口和养老金领取基准。

根据相关资料,假设在老年人口中领取养老金的比例$(RRP)_t$为 80%,"老人"养老金的发放基准以 1997 年的 7 572 元作为基数,以后各年的发放基准根据前文所述调整办法进行调整。"中人""新人"按照退休年份和性别根据养老金替代率和平均工资增长率进行调整,假设 60 岁退休的男性"中人""新人"和 55 岁退休的女性"中人""新人"的养老金替代率$(RS)_t$分别为 60%和 47%。年度工资$(AW)_t$采用北京市统计局公布的在岗职工平均工资数据,并根据相应的养老金替代率$(RS)_t$测算养老金发放基准。在确定首年的发放基准后,以后每年养老金的发放基准由上一年度G_t和调整系数δ决定。根据北京市统计局公布的每年的在岗职工平均工资及预测数据可以测算每一年的工资增长率G_t;根据历史调整资料假设调整系数δ为 0.55。其中领

取养老金的比例$(RRP)_t$、养老金替代率$(RS)_t$和调整系数δ均与北京市平均水平保持一致。

工资增长率的测算过程,如表8-1所示,取过去在岗职工平均工资(见图8-1)计算工资增长率,取过去五年工资增长率的平均值进行微调得到未来工资增长率的假设值(取过去五年而不取过去十年的原因主要是考虑到21世纪最初高速膨胀的物价指数和工资水平并不能完全延续到未来)。

表8-1 工资增长率测算结果

年 份	在职职工平均工资	增长率
1997	11 019	11.00%
1998	12 285	11.49%
1999	13 778	12.15%
2000	15 726	14.14%
2001	19 155	21.80%
2002	21 852	14.08%
2003	25 312	15.83%
2004	29 674	17.23%
2005	34 191	15.22%
2006	40 117	17.33%
2007	46 507	15.93%
2008	54 913	18.07%
2009	58 140	5.88%
2010	65 683	12.97%
2011	75 834	15.45%
2012	85 307	12.49%

第八章 北京市常住外来人口养老基金支出测算

续 表

年 份	在职职工平均工资	增长率
2013	93 997	10.19%
2014	103 397	10.00%
2015	113 736	10.00%
2016	125 110	10.00%
2017	137 621	10.00%
2018	151 383	10.00%
2019	166 521	10.00%
2020	183 174	10.00%
2021	201 491	10.00%
2022	221 640	10.00%
2023	243 804	10.00%
2024	268 184	10.00%

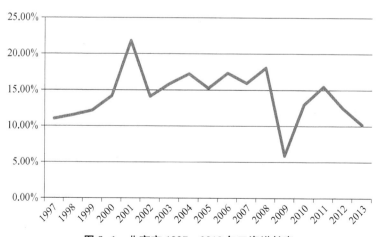

图 8-1 北京市 1997—2013 年工资增长率

三、北京市常住外来人口"老人"养老基金支出模型

"老人"的退休年份都在 1998 年之前,在养老基金测算的起始年份 2015 年,"老人"男性年龄都在 78 岁以上,女性"老人"都在 73 岁以上。令 $P_{t,x}^m$ 为 t 年 x 岁的男性人口数,$P_{t,x}^f$ 为 t 年 x 岁的女性人口数,$(RRP)_t$ 为老年人口中领取养老金比率,用 $(TOP)_t$ 表示 t 年领取养老金的"老人"人口数,则有:

$$(TOP)_t = (TOP)_t^m + (TOP)_t^f = (RRP)_t \\ \times (\sum\nolimits_{x=16}^{59} P_{t,x}^m + \sum\nolimits_{x=16}^{54} P_{t,x}^f) \quad (8-1)$$

政策规定"老人"的养老金发放基准在 1997 年的基础上,每年根据当年的工资增长率 G_t 的一定比率 δ 进行调整,得到 t 年"老人"养老金发放基准 $(ORS)_t$。

$$(ORS)_t = (ORS)_{t-1} \times (1+\delta G_t) \\ = (ORS)_{1997} \times \prod\nolimits_{t=1997}^{t-1} (1+\delta G_t) \quad (8-2)$$

"老人"养老金的支出总额为各年领取养老金的"老人"人口总数和对应年养老金发放基准的乘积,则"老人"养老金 t 年支出的总金额 $(TOC)_t$ 为:

$$(TOC)_t = (TOP)_t \times (ORS)_t \quad (8-3)$$

把人口测算的结果和相关精算假设代入公式(8-1)、公式(8-2)和公式(8-3)即可测算出未来十年每年"老人"养老金的支出总额。

四、北京市常住外来人口"中人""新人"养老基金支出模型

根据国家相关规定,"新人"只发放社会统筹账户养老金和个人账户养老金;"中人"在社会统筹账户养老金和个人账户养老金的基础上再发放过渡养老金。根据待遇水平合理衔接、平稳过渡的原则,"中人"相较于"新人"多发放的过渡养老金主要是为了弥补视同缴费年限少积累的养老金份额。因此,可以假设"中人"和"新人"的养老金领取的基准相同。在进行测算时,可以不区分"中人"和"新人"。

$(RRP)_t$ 为老年人口中领取养老金的比率,$P_{t,x}^m$ 为 t 年 x 岁的男性人口数,$P_{t,x}^f$ 为 t 年 x 岁的女性人口数。根据人口测算的结果可以得到 t 年 x 岁领取养老金的"中人新人"人口总数 $(NP)_{t,x}$,为:

$$(NP)_{t,x} = (RRP)_t \times (P_{t,x}^m + P_{t,x}^f) \qquad (8-4)$$

与"老人"不同,"中人""新人"养老金发放基准根据性别、退休年份和领取年份三个维度确定。在测算每年的养老基金的支出的时候,需要测算当前年度下男性和女性各年龄领取养老金的基准,再与当年各年领取养老金的人口数相乘,加总得当年北京市常住外来人口养老基金总支出。

根据规定,退休者首年领取的养老金为上一年工资的一定比例,设 t 年的养老金替代率为 $(RS)_t$,则在 t 年开始领取养老金的"中人""新人"按照性别不同发放养老金的基准 $(FNRS)_t^m$ 和 $(FNRS)_t^f$ 分别为:

$$(FNRS)_t^m = (AW)_{t-1} \times (RS)_t^m \qquad (8-5)$$

$$(FNRS)_t^f = (AW)_{t-1} \times (RS)_t^f \qquad (8-6)$$

假设之后每年的发放基准是在上一年的发放基准上按上一年工资增长率 G_t 的一定比率 δ 进行调整。则在 $t-n$ 年退休的"中人""新人"在 t 年领取养老金的基准 $(NRS)_t$ 为:

$$(NRS)_{t,x} = (FSRS)_{t-1,x} \times (1+\delta G_t) \qquad (8-7)$$

按照上述方法可以测得每年分年龄和性别领取养老金的标准和领取养老金的人数,两者相乘的乘积即为 t 年 x 岁退休的男性和女性"中人""新人"养老金支出总额,为:

$$\begin{aligned}(NC)_{t,x}^m &= (NP)_{t,x}^m \times (NRS)_{t,x}^m \\ &= P_{t,x}^m \times (RRP)_t \times (NRS)_{t,x}^m\end{aligned} \qquad (8-8)$$

$$\begin{aligned}(NC)_{t,x}^f &= (NP)_{t,x}^f \times (NRS)_{t,x}^f \\ &= P_{t,x}^f \times (RRP)_t \times (NRS)_{t,x}^f\end{aligned} \qquad (8-9)$$

将 t 年"中人""新人"分性别各年龄段"中人""新人"养老金的支出加总可得到 t 年支出的"中人新人"养老金总额 $(TNC)_t$:

$$(TNC)_t = \sum_{x=60}^{60+(t-1997)} (NC)_{t,x}^m + \sum_{x=55}^{55+(t-1997)} (NC)_{t,x}^f \qquad (8-10)$$

把相关人口测试结果和精算假设代入上述公式(8-4)到公式(8-10)可以得到每年北京市常住外来人口"中人""新人"养老金支出总额(见表8-2)。

表8-2 "中人""新人"养老金领取标准的测算结果

养老金基准	退休年份					
	1998	1999	2000	2001	2002	2003
1998	12 285					
1999	13 106	13 778				
2000	14 125	14 849	15 726			
2001	15 819	16 630	17 612	19 155		
2002	17 044	17 918	18 976	20 638	21 852	
2003	18 529	19 478	20 628	22 436	23 755	25 312
2004	20 285	21 325	22 584	24 562	26 007	27 711
2005	21 983	23 110	24 474	26 619	28 184	30 031
2006	24 079	25 313	26 807	29 156	30 870	32 894
2007	26 188	27 531	29 156	31 710	33 575	35 776
2008	28 791	30 267	32 054	34 863	36 913	39 332
2009	29 722	31 246	33 090	35 989	38 106	40 603
2010	31 843	33 475	35 451	38 557	40 825	43 501
2011	34 550	36 321	38 465	41 835	44 295	47 198
2012	36 923	38 816	41 107	44 709	47 338	50 441
2013	38 992	40 991	43 411	47 214	49 990	53 267
2014	41 137	43 245	45 798	49 811	52 740	56 197
2015	43 399	45 624	48 317	52 550	55 641	59 287
2016	45 786	48 133	50 974	55 441	58 701	62 548
2017	48 304	50 780	53 778	58 490	61 929	65 988
2018	50 961	53 573	56 736	61 707	65 335	69 618
2019	53 764	56 520	59 856	65 101	68 929	73 447

续 表

养老金基准	退休年份					
	1998	1999	2000	2001	2002	2003
2020	56 721	59 628	63 148	68 681	72 720	77 486
2021	59 840	62 908	66 622	72 459	76 720	81 748
2022	63 132	66 368	70 286	76 444	80 939	86 244
2023	66 604	70 018	74 152	80 648	85 391	90 988
2024	70 267	73 869	78 230	85 084	90 087	95 992
养老金基准	2004	2005	2006	2007	2008	2009
1998						
1999						
2000						
2001						
2002						
2003						
2004	29 674					
2005	32 158	34 191				
2006	35 224	37 450	40 117			
2007	38 310	40 731	43 632	46 507		
2008	42 118	44 780	47 969	51 130	54 913	
2009	43 479	46 228	49 519	52 783	56 688	58 140
2010	46 582	49 526	53 053	56 549	60 733	62 289
2011	50 541	53 736	57 562	61 356	65 895	67 583
2012	54 014	57 428	61 517	65 571	70 422	72 226
2013	57 040	60 645	64 964	69 245	74 368	76 273

续 表

养老金基准	退休年份					
	2004	2005	2006	2007	2008	2009
2014	60 177	63 981	68 537	73 054	78 458	80 468
2015	63 487	67 500	72 306	77 072	82 773	84 894
2016	66 979	71 212	76 283	81 311	87 326	89 563
2017	70 663	75 129	80 479	85 783	92 129	94 489
2018	74 549	79 261	84 905	90 501	97 196	99 686
2019	78 649	83 621	89 575	95 478	102 542	105 169
2020	82 975	88 220	94 501	100 730	108 182	110 953
2021	87 539	93 072	99 699	106 270	114 132	117 055
2022	92 353	98 191	105 182	112 114	120 409	123 493
2023	97 433	103 591	110 968	118 281	127 031	130 285
2024	102 791	109 289	117 071	124 786	134 018	137 451
养老金基准	2010	2011	2012	2013	2014	2015
1998						
1999						
2000						
2001						
2002						
2003						
2004						
2005						
2006						
2007						

续 表

养老金基准	退休年份					
	2010	2011	2012	2013	2014	2015
2008						
2009						
2010	65 683					
2011	71 266	75 834				
2012	76 162	81 044	85 307			
2013	80 430	85 585	90 087	93 997		
2014	84 853	90 292	95 041	99 167	103 397	
2015	89 520	95 258	100 269	104 621	109 084	113 736
2016	94 444	100 497	105 783	110 375	115 083	119 992
2017	99 638	106 025	111 601	116 446	121 413	126 591
2018	105 118	111 856	117 739	122 850	128 090	133 554
2019	110 900	118 008	124 215	129 607	135 135	140 899
2020	116 999	124 498	131 047	136 735	142 568	148 649
2021	123 434	131 346	138 255	144 256	150 409	156 825
2022	130 223	138 570	145 859	152 190	158 682	165 450
2023	137 385	146 191	153 881	160 560	167 409	174 550
2024	144 941	154 232	162 344	169 391	176 617	184 150
养老金基准	2016	2017	2018	2019	2020	2021
1998						
1999						
2000						
2001						

第八章 北京市常住外来人口养老基金支出测算

续 表

养老金基准	退休年份					
	2016	2017	2018	2019	2020	2021
2002						
2003						
2004						
2005						
2006						
2007						
2008						
2009						
2010						
2011						
2012						
2013						
2014						
2015						
2016	125 110					
2017	131 991	137 621				
2018	139 251	145 190	151 383			
2019	146 909	153 176	159 709	166 521		
2020	154 989	161 600	168 493	175 680	183 174	
2021	163 514	170 488	177 760	185 343	193 248	201 491
2022	172 507	179 865	187 537	195 536	203 877	212 573
2023	181 995	189 758	197 852	206 291	215 090	224 264
2024	192 005	200 194	208 734	217 637	226 920	236 599

续 表

养老金基准	退休年份					
	2022	2023	2024			
1998						
1999						
2000						
2001						
2002						
2003						
2004						
2005						
2006						
2007						
2008						
2009						
2010						
2011						
2012						
2013						
2014						
2015						
2016						
2017						
2018						
2019						

续 表

养老金基准	退休年份					
	2022	2023	2024			
2020						
2021						
2022	221 640					
2023	233 830	243 804				
2024	246 691	257 213	268 184			

五、北京市常住外来人口养老金支出总额预测模型

每年北京市常住外来人口养老金支出总额为"老人"养老金支出总额与"中人""新人"养老金支出的总和。令 $(TC)_t$ 为 t 年养老金的总支出，由前文中的模型测算结果有：

$$(TC)_t = (TOC)_t + (TNC)_t \qquad (8\text{-}11)$$

由公式(8-11)就可以测出北京市常住外来人口每年养老金总支出。

六、北京市常住外来人口养老金支出测算的测算结果

(一) 北京市常住外来人口养老金给付存在的问题

对于一个拥有千万人口的城市，外来流动人口对养老保险基金平衡问题的影响不容忽视。劳动力增加的正面影响包括经济

快速发展、减缓人口老龄化过程、养老金余额较多,但是只要北京与其他地区的经济仍存有落差,那么北京的劳动力仍存在过剩的问题,北京的人口压力就不能明显得到缓解。2011年7月1日正式实施《社会保险法》后,外来人口养老保险的转入和转出成为常态,而北京市外来流动人口的养老保险金的收缴比例却低于企业职工养老保险的缴费比例。如果外来流动人口将养老保险转出,对北京来说,表面是养老金总额的减少,实质是减少了未来北京市养老金支付的压力;如果外来流动人口将来在北京养老,则会增加北京市养老金的支出。流动人口的养老问题虽大约30年以后才会逐步显现,但在养老保险的支付问题上北京应早做准备,未雨绸缪。

(二) 北京市常住外来人口养老金支出预测

根据理论模型、基础数据和精算假设可以测得未来10年北京市常住外来人口中"老人"各年领取养老金的人口和支出总额,测算结果如表8-3所示。

表8-3 "老人"人口测算和养老金支出测算结果

年份	男性"老人"数量(人)	女性"老人"数量(人)	合计"老人"数量(人)	养老金发放基准(元)	养老基金支出(万元)
2015	12 240	29 367	41 607	28 440	118 330
2016	11 362	28 218	39 581	30 004	118 758
2017	10 480	25 435	35 915	31 654	113 687
2018	9 599	23 939	33 538	33 395	112 002
2019	8 724	22 412	31 136	35 232	109 699
2020	7 863	20 863	28 726	37 170	106 773

续 表

年份	男性"老人"数量(人)	女性"老人"数量(人)	合计"老人"数量(人)	养老金发放基准(元)	养老基金支出(万元)
2021	7 022	19 301	26 322	39 214	103 221
2022	6 207	17 733	23 940	41 371	99 042
2023	5 427	16 174	21 601	43 646	94 279
2024	5 419	16 166	21 585	46 047	99 394

未来10年,北京市常住外来人口领取养老金的男性"老人"数量由12 240人减少到5 419人,女性"老人"数量由29 367人减少到16 166人,"老人"总数从41 607人下降到21 585人,减少了48%的"老人"人口。这种迅速递减是由老年人口的高死亡率造成的。虽然养老金发放基准逐年根据当年的工资增长率递增,但是"老人"养老基金支出总数呈递减趋势,由2015年的118 330万元下降到2024年的99 394万元。

根据理论模型、基础数据和精算假设,代入公式(8-5)和公式(8-6)测得每年份退休的人当年的养老金领取基准,根据公式(8-7)对退休之后每年的养老金领取基准进行调整。根据公式(8-8)、公式(8-9)和公式(8-10)测得未来10年北京市常住外来人口中"中人""新人"各年领取养老金的人口和支出总额,测算结果如表8-4所示。

表8-4 "中人""新人"人口测算和养老金支出测算结果

年份	男性"中人""新人"数量(人)	女性"中人""新人"数量(人)	合计"中人""新人"数量(人)	养老基金支出(万元)
2015	154 221	193 160	347 381	1 571 903
2016	170 266	204 246	374 512	1 852 385

续 表

年份	男性"中人""新人"数量(人)	女性"中人""新人"数量(人)	合计"中人""新人"数量(人)	养老基金支出(万元)
2017	188 501	226 017	414 519	2 256 531
2018	205 098	257 113	462 211	2 766 657
2019	217 814	285 854	503 669	3 288 830
2020	232 963	316 943	549 907	3 926 866
2021	245 241	351 361	596 603	4 646 469
2022	272 434	383 630	656 064	5 636 794
2023	312 175	427 341	739 516	7 075 678
2024	353 189	472 760	825 950	8 697 302

与"老人"情况相反,北京市常住外来人口未来10年领取养老金的男性"中人""新人"人口数从154 221人增长到353 189人,同时女性"中人""新人"人口数从193 160人增长到472 760人,合计"中人""新人"数量由347 381人增长到825 859人,增长138%。同时养老金发放的基准也随年根据上一年的工资增长率上升调整。北京市常住人口"中人""新人"养老金领取总额保持稳定的高速增长,在未来10年由2015年的1 571 903万元增长到2024年的8 697 302万元,增长了453%。

将"老人"人口测算和养老金支出测算结果和"中人""新人"人口测算和养老金支出测算结果按照公式(8-11)合并即可得到北京常住外来人口未来10年养老金账户的总支出,详情如表8-5所示。

表 8-5 养老金支出测算结果

年份	"老人"支出(万元)	"中人""新人"支出(万元)	合计支出(万元)	增加额(万元)	增加率(%)
2015	118 330	1 571 903	1 690 233		
2016	118 758	1 852 385	1 971 142	280 909	16.62%
2017	113 687	2 256 531	2 370 218	399 076	20.25%
2018	112 002	2 766 657	2 878 659	508 441	21.45%
2019	109 699	3 288 830	3 398 528	519 869	18.06%
2020	106 773	3 926 866	4 033 640	635 111	18.69%
2021	103 221	4 646 469	4 749 690	716 050	17.75%
2022	99 042	5 636 794	5 735 836	986 146	20.76%
2023	94 279	7 075 678	7 169 956	1 434 121	25.00%
2024	99 394	8 697 302	8 796 696	1 626 740	22.69%

北京市常住外来人口养老金支出由 1 690 233 万元增长到 8 796 696 万元,增长率为 420%。10 年间,北京市常住外来人口养老金支出呈高速增长,增长率保持在 20% 左右,最低增长率为 2016 年的 16.62%,最高增长率为 2023 年的 25%。

第九章
北京市常住外来人口养老基金收支测算及灵敏度分析

一、北京市常住外来人口基本养老保险基金的收支现状

测算结果显示,北京市常住外来人口的养老基金的收入和支出均逐年增长。综合养老基金的收入和支出可以测得每年养老金的结余,结果如表9-1所示。

表9-1 养老金收支差额

年份	收入额（万元）	支出额（万元）	结余额（万元）	收入增加率(%)	支出增加率(%)
2015	6 040 406	1 690 233	4 350 172		
2016	6 675 659	1 971 142	4 704 517	10.52	16.62
2017	7 341 831	2 370 218	4 971 613	9.98	20.25
2018	8 028 009	2 878 659	5 149 350	9.35	21.45
2019	8 764 362	3 398 528	5 365 834	9.17	18.06
2020	9 545 451	4 033 640	5 511 812	8.91	18.69

第九章　北京市常住外来人口养老基金收支测算及灵敏度分析

续　表

年份	收入额（万元）	支出额（万元）	结余额（万元）	收入增加率(%)	支出增加率(%)
2021	10 369 408	4 749 690	5 619 718	8.63	17.75
2022	11 217 740	5 735 836	5 481 904	8.18	20.76
2023	12 065 452	7 169 956	4 895 496	7.56	25.00
2024	12 976 851	8 796 696	4 180 154	7.55	22.69

北京市常住外来人口的收入额和支出额自2015年到2024年始终保持增长,但养老金收入的增长率和养老金支出的增长率有明显差异。北京市常住外来人口养老金收入的增长率基本低于10%且逐年递减,由2015年的10.52%下降到2024年的7.55%;北京市常住外来人口养老金支出的增长率基本维持在20%左右。养老金收入的增加额逐年减少、养老金支出的增加额以较高增长率稳定增长,长此以往,一定会出现养老金收支失衡的状况,造成养老基金缺口,影响养老保险政策的安全性。

从绝对数方面考虑,2015—2024年的养老基金的结余额先增后减,先由2015年的4 350 172万元增长到2021年的5 619 718万元,再下降到2024年的4 180 154万元。2015—2021年逐年增加的正养老基金结余额是对北京市养老基金的强力补充。从2021年之后,养老基金结余额急速下降。2021—2022年下降15亿元左右,2022—2023年下降60亿元左右,2023年到2024年则下降70亿元左右。在北京市常住外来人口迁入的假设保持不变的情况下,养老金收支结余将在2032年降为0元,2032年之后为负数。养老金结余为负数时会对北京市养老基金带来较大压力,存在拉大养老金缺口、造成养老金支付困难的情形。

将北京市常住人口养老金收支情况和北京市养老金收支情况相比较,北京市常住外来人口养老金仍是对北京市养老金的有力补充,具体体现在:虽然北京市常住外来人口养老基金支出的增长率维持在较高水平,但2015年养老金支出总额相对较小;北京市常住外来人口的养老金结余转增为减的转折点为2021年,比北京市的整体预测情况延后,北京市常住外来人口养老金结余的转正为负的预测时点为2032年,晚于北京市整体和北京市城镇居民的预测时间。综上,相较于北京市的整体情况而言,北京市常住外来人口的养老金收入对北京市养老基金在短期内是一个补充,从长期而言依旧要解决养老金缺口的问题。

二、北京市常住外来人口基本养老保险基金灵敏度测试

测算养老金收支模型的过程中涉及诸多对未来情形的假设,如失业率、死亡率等。改变相关假设会对养老金收入和养老金的结果产生一定影响。灵敏度测试研究在一个或多个假设发生变动时对养老金收支测算结果的影响。根据改变的假设不同可以进行多个灵敏度测试,此处进行工资增长率和迁入人口数的灵敏度测试。

(一) 工资增长率灵敏度测试

在测算养老金缴费基准和养老金发放基准时,都要对工资

增长率进行测算。基本情况下,工资增长率取前五年度平均工资增长率的平均值。在工资增长率变动时,会影响养老金缴费基准和养老金发放基准的测算结果,进而影响养老金收支模型的测算结果。工资增长率上升1%的测算结果如表9-2所示。

表9-2 养老金收支工资增长率灵敏度——上升1%

年份	收入额（万元）	支出额（万元）	结余额（万元）	收入增加率(%)	支出增加率(%)
2015	6 040 406	1 710 113	4 330 292		
2016	6 736 566	2 006 930	4 729 636	11.53	17.36
2017	7 476 587	2 430 175	5 046 412	10.99	21.09
2018	8 250 328	2 973 341	5 276 988	10.35	22.35
2019	9 089 864	3 535 731	5 554 133	10.18	18.91
2020	9 991 162	4 228 218	5 762 943	9.92	19.59
2021	10 953 789	5 016 763	5 937 026	9.63	18.65
2022	11 959 546	6 108 583	5 850 963	9.18	21.76
2023	12 982 535	7 705 197	5 277 338	8.55	26.14
2024	14 092 858	9 532 754	4 560 104	8.55	23.72

和基础情境相比,在平均工资增长率上升1%的情境下,养老基金的收入额、支出额和结余额均高于基础情境。养老金收入的增加率逐年高于基础情境,养老金支出的增加率也逐年高于基础情境。从结余额变动的角度看,结余额转增为减的转折年依旧是2021—2022年,和基础情境保持一致。

工资增长率下降的测算结果如表9-3所示。

表 9-3 养老金收支工资增长率灵敏度——下降 1%

年份	收入额(万元)	支出额(万元)	结余额(万元)	收入增加率(%)	支出增加率(%)
2015	6 040 406	1 670 474	4 369 932		
2016	6 614 753	1 935 800	4 678 954	9.51	15.88
2017	7 208 301	2 311 429	4 896 872	8.97	19.40
2018	7 809 720	2 786 520	5 023 200	8.34	20.55
2019	8 447 682	3 265 987	5 181 696	8.17	17.21
2020	9 115 791	3 847 108	5 268 684	7.91	17.79
2021	9 811 242	4 495 629	5 315 613	7.63	16.86
2022	10 515 727	5 384 205	5 131 522	7.18	19.77
2023	11 205 563	6 669 603	4 535 959	6.56	23.87
2024	11 940 102	8 114 351	3 825 752	6.56	21.66

和基础情境相比,在平均工资增长率下降 1% 的情境下,养老基金的收入额、支出额和结余额均低于基础情境。养老金收入的增加率逐年低于基础情境,养老金支出的增加率也逐年低于基础情境。从结余额变动的角度看,结余额转增为减的转折年依旧是 2021、2022 年,和基础情境保持一致。

综上可以看出,未来工资增长率整体变动时,影响实际的养老金收入额、支出额和结余额,但对养老金结余额走势没有显著影响。工资增长率上升时收入额、支出额和结余额增加;工资增长率下降时收入额、支出额和结余额减少。养老金结余转增为减的时间点不发生改变。

(二)人口迁入灵敏度测试

在测算养老金收支模型时,首先要测算未来人口模型。测算

第九章 北京市常住外来人口养老基金收支测算及灵敏度分析

人口模型时,需要对人口净迁入进行预测。在基础情境的基础上假设北京市常住外来人口的净迁入人口每年减少一万人。在新的人口模型下重新测算养老金收支模型,结果如表9-4所示。

表9-4 养老金收支人口迁入灵敏度

年份	收入额(万元)	支出额(万元)	结余额(万元)	收入增加率(%)	支出增加率(%)
2015	6 032 151	1 690 233	4 341 917		
2016	6 657 568	1 971 142	4 686 426	10.37	16.62
2017	7 312 171	2 370 218	4 941 953	9.83	20.25
2018	7 984 894	2 878 659	5 106 235	9.20	21.45
2019	8 705 745	3 398 528	5 307 216	9.03	18.06
2020	9 469 114	4 033 640	5 435 474	8.77	18.69
2021	10 272 962	4 749 690	5 523 272	8.49	17.75
2022	11 098 616	5 735 836	5 362 780	8.04	20.76
2023	11 919 286	7 169 956	4 749 330	7.39	25.00
2024	12 802 097	8 796 696	4 005 401	7.41	22.69

和基础情境相比较,由于劳动力人口迁入人口下降,养老基金收入均低于基础情境水平;由于假设净人口迁入仅为16—30岁的适龄劳动力人口,养老基金支出几乎不受影响。结余额由于收入额的减少也随之减少,结余额转增为减的时间点依旧为2021—2022年,但是结余额变动的折线已经发生变动,转折点前移。

第十章
北京市常住外来人口基本养老保险制度设计

一、提高参保率政策措施

(一) 加大社会保险转移和待遇的宣传力度,打消常住外来人口参保损失的顾虑

由于常住外来人口构成、职业分布具有复杂性,参保意愿也呈现多样性。这就决定了促进常住外来人口参加社会保险工作涉及范围很广,既要解决政府和用人单位主观认识方面的问题,又要考虑不稳定就业对常住外来人口转移社会保险关系影响的问题。同时,在社会保险设计时,应充分考虑社会保险险种与常住外来人口的不稳定性、流动性大与缴费连续性的矛盾。

从调查中可以看出常住外来人口对社会保险接续转移的政策知之甚少,认为参加社会保险会"吃亏、不划算"的较多,所以,应当加大社会保险转移的宣传力度,打消参保顾虑,提高常住外

第十章　北京市常住外来人口基本养老保险制度设计

来人口的参保积极性。同时,在社会保险参保待遇宣传方面,应该让常住外来人口意识到参保给自身带来的经济利益。

(二) 针对外来人口的社会保险项目需求,建立统一而有差别分项目实施的常住外来人口社会保险体系

北京市常住外来人口规模巨大且构成复杂,而且数量还在不断增长。他们的来源地域不同、层次不一,对社会保险项目的需求也存在较大差别。有的在北京稳定就业,有的属于阶段性来京就业,也有属于自雇就业等灵活就业。常住外来人口社会保险制度的建立,不仅要考虑到国家的财力,更要充分考虑常住外来人口的自身特点和现实需要。

根据社会保险种类不同的功能和常住外来人口的需求,对于在京有较为稳定工作的外来人口,应随单位参加城镇职工基本养老保险、医疗保险、工伤保险等社会保险,也可根据北京市人力资源和社会保障局出台的针对农民工、常住外来人口的社会保障制度参加相应的社会保险项目。对在京从事灵活就业、自谋职业的常住外来人口,允许他们自主选择参加北京市对于常住外来人口的社会保险项目或在他们原籍参加新型农村养老保险、合作医疗。对于阶段性在京流动的人员,可参加户籍所在地的社会保险项目。

从常住外来人口的社会保险项目需求分析,应该加快推进外来人口需求度较高的医疗保险项目,在设定医疗保险项目缴费下限的基础上,实行常住外来人口医疗保险项目自由缴费,从而提高常住外来人口医疗保险参保率,率先实现医疗保险项目全覆盖。再逐步推进养老保险、工伤保险、失业保险和生育保险等

项目。

(三) 加强社会保险稽核,依法强制用人单位为常住外来人口参保

按照法律规定,用人单位应该为职工缴纳社会保险。在调查中发现在京常住外来人口多数没有参保,虽然国家和北京市政府都出台了一些强制政策(如在京劳险发〔1999〕99号文件和2011年7月1日施行的《中华人民共和国社会保险法》中都明确规定了用人单位不办理社会保险登记和未按时足额缴纳社会保险费应承担的法律责任。"用人单位不办理社会保险登记且在社会保险行政部门责令改正期限内不改正的,对用人单位处应缴社会保险费数额一倍以上三倍以下的罚款,对其直接负责的主管人员和其他直接责任人员处五百元以上三千元以下的罚款;用人单位未按时足额缴纳社会保险费的,由社会保险费征收机构责令限期缴纳或者补足,并自欠缴之日起,按日加收万分之五的滞纳金;逾期仍不缴纳的,由有关行政部门处欠缴数额一倍以上三倍以下的罚款。"),但调研数据中外来人口参保率较低的现状说明目前社会保险的稽核和劳动监察力度不够,制度上尚缺少切实保障常住外来人口自身权利的措施。从表6-4也可以看出,社会保险项目强制程度比较高的工伤保险项目参保率达到了35.9%,参保率较高,这说明加强社会保险稽核和劳动监察力度在提高外来人口社会保险参保率方面的作用。现实中,工伤保险较高的参保率也间接拉动了医疗保险项目的参保,因为用人单位为了减轻缴费成本,往往交了医疗保险就不再交工伤保险,因为出了工伤事故,医疗保险项目也是可以进行支付的。

第十章 北京市常住外来人口基本养老保险制度设计

二、"老人"和"中人"的历史积累债务由政府出资进行补偿

当前北京市养老保险名义上实行的是部分累计制,但实际上是现收现付制,主要原因是制度改革之前没有明确"老人"和"中人"的累计债务,当社会统筹资金难以支付时,动用个人账户的资金使之变为空账,从而失去了应对人口老龄化带来的支付危机的功能。从精算的角度来说,"老人"和"中人"缴纳养老保险的累计净现值低于未来领取的净现值,这一部分的差额很大程度上都是由政策变动引起的,理论上不应该用后来新缴纳的养老保险金填补政策变动带来的养老基金缺口。因此,解决支付问题的核心是明确"老人"和"中人"的累计债务,真正做到发挥个人账户应对老龄化支付高峰问题的作用。根据实际情况,有部分专家、学者提出了应当以当前部分国有资产的出让收入来抵偿"老人"和"中人"的累计债务。

三、改变人口结构

北京市常住外来人口的人口特点是老龄化程度低、流动性大和劳动力资源充足,因此每年的养老金收入水平相对北京市的整体水平相对较为充足。但是,常住外来人口在迁出的时候同样会将养老金账户的累计余额迁走,因此不能单一指望流动性强的常住外来人口为北京市养老金填补缺口。应从调整北京市常住外来人口的人口结构入手,补充充足的未来劳动力资源和养老金缴费来源。

一种方法是通过政策途径延长法定工作年限,提高退休年龄。

从当年收支的角度看,延长退休年龄增加了当年缴纳养老保险的人数,减少了领取养老保险的人数,进而获得更多的养老金收入,减少养老金支出,有利于当年养老基金结余。从净现值守恒的角度来说,增大了养老金账户收入的净现值,减少了养老基金支出的净现值,有利于对抗长寿风险,甚至有结余可以填补其余风险带来的养老基金缺口。长寿风险是指随着经济指标增长和医疗水平不断提高,人们的平均寿命增大使得缴纳的养老金现值不足以支付未来养老金的支出。

另一种方法是放宽生育条件、鼓励生育。新增的婴儿数量和二孩政策可以有效改变北京市人口结构,在未来15年后成为适龄劳动力人口,缴纳养老保险金。假设开放二孩政策之后,北京市常住外来人口每年新生人数是放宽之前的1.5倍,未来缴纳养老金的人数将从15年之后缓慢改变。通过生育政策改变人口结构是一种根本而缓慢的办法。短期之内的养老金收支改变还需配合其他措施一同实施。

四、对影响北京市常住外来人口养老金收支的因素进行适当调整

迁移率、调整系数等因素的变动会对养老金收支产生影响,另外养老保险的缴费率和覆盖率也会对养老金的收支产生影响,因此可以对上述因素进行调整来改善养老金的收支状况。主要措施包括:在公共资源等方面因素允许的情况下提高人口迁移率、提高养老保险的收缴率、扩大养老基金的覆盖率等。提高人口迁移率可以增加养老金缴费人口从而增大养老金缴费收入,提高养老金收缴率和养老保险的覆盖率均可增大养老基金的收入。

第十章 北京市常住外来人口基本养老保险制度设计

五、提高养老金保险的投资运作效率

养老基金无法完全覆盖保费支出的一个原因是养老基金的投资收益抵不过通货膨胀率和平均工资增长率。北京市常住外来人口养老金的增值一部分依靠养老保险的缴费,另一部分就依靠对已收取养老金的投资运作。已经收取的养老保险保费如果不能以一定的利率增长,则必然会造成养老基金缺口。北京市常住外来人口的养老金根据预测到2032年之前每年的结余都是正值,对养老基金的有效运作不但可以保证养老金的价值,也可以弥补部分其他因素造成的养老金缺口。

当前,从安全的角度考虑,北京市养老基金的投资领域主要是银行存款、国债和金融债等风险较低的固定收益项目和债券项目。这一类投资领域的投资收益率相对较低。最近北京市在岗职工平均工资每年的增长率都在10%左右,系数调整后每年养老金发放额度都以1.055左右的比率增长。为提高保值增值率,可以在严格风险控制的前提下,放宽投资的渠道,适当增大基金和股票的投资比率,并通过组合投资和对冲等方法对风险进行控制。2015年8月国务院发布的《基本养老保险基金投资管理办法》,准许最高30%的养老金入市,拓宽了养老金的投资渠道。

六、外来人口社会保障体系建设应分层分类实施

从现实的角度看,探索和建立适用于外来人口的社会保障体

系，从流动人口流动性强和非正规就业者多且处于相对弱势地位的特征出发，值得考虑的思路是对流动人口的社会保障分类分层，提高其可操作性。对在城市有稳定收入和稳定居所的流动人口，应逐步地接纳到城市的社会保障体系里来。首先是确立强制性工伤保险制度并将受职业病危害的人员纳入工伤保险范围。2004年7月28日，北京市劳动和社会保障局印发并实施了《北京市外地流动人口参加工伤保险暂行办法》和《北京市外地流动人口参加基本医疗保险暂行办法》，但效果并不理想，原因是该办法主要针对在京具有稳定工作单位的外来人口。其次是医疗保险，重点是大病或疾病住院保障机制。再次是对流动人口的社会救助和社会福利，如住房保障、外来人口子女教育保障。最后是养老保险，因为外来人口对养老保险的需求弹性较大。2011年7月1日，《中华人民共和国社会保险法》正式实施规定：个人跨统筹地区就业的，其基本养老保险关系随本人转移，缴费年限累计计算。个人达到法定退休年龄时，基本养老金分段计算、统一支付。

七、针对影响外来人口社会保障体系建设的两大因子进行制度设计

外来人口的基本特征因子反映了其社会保障需求，如外来人口的年龄指标对养老保险的影响较大，从受访者的年龄分布来看，在30岁（含）以下的占到总人数的84.30％。由于外来人口以青壮年为主，加上已有的农村社保意识，他们对养老保险的需求并不大。如果把年龄在40岁以上的称为第一代流动人口，把年龄在30—40岁之间的外来人口称为第二代外来人口，把年龄在

30岁以下的称为第三代外来人口,可以推测,他们的行为方式及保险需求可能存在很大的差异。家庭(含婚姻状况、配偶、小孩等)指标反映出外来人口对住房、教育、医疗等的需求程度。因此,应针对外来人口的年龄、性别、户籍等指标来设计其"社会保障菜单"。

因此,针对外来人口的需求进行制度创新是社会保障体系可持续发展的客观要求,外来人口的劳动者社会保障政策的基本立足点应是以人为本。为方便劳动者参保,制度一定要简单易行。

八、建立适应外来人口需要的社会福利救助系统

在外来人口社会保障体系建设的影响因素中,待遇水平之所以成为个人特征因子指标,主要是流动人口的社会保障需求弹性较大。在现行的社会保障体系中,社会保险项目被认为"性价比不高",而社会福利项目是外来人口理想的社会保障需求项目,因此,应根据外来人口个人特征因子的多个指标设计合理的福利项目,开展多项社会服务,建立服务队伍并修建各类福利服务设施。

九、尽快建立外来人口综合性城市社会救助系统

(一)尽快确立外来人口城市公共房屋政策

针对外来人口居住条件恶劣的现实,在继续推进住房制度改

革并引导居民购房的同时,政府应当建设公共房屋,帮助贫困居民改善其居住条件。目前部分城市推出的廉租房政策应当作为全国性的公共房屋政策出台,并将其纳入社会救助体系,使外来人口能够实现"住有所居"。

(二) 建立城市外来人口疾病医疗救助制度

疾病医疗是一个外来人口需求强烈的社会救助问题。疾病不仅使外来人口的生活状况更加恶化乃至陷入绝望境地,甚至于出现外来人口因病"自杀"等极端的生命藐视行为。因此,建立一个面向外来人口的疾病医疗救助制度既是缓解其生活压力的必要举措,也是社会发展进步与社会公平的基本内容。当然,在选择型的医疗保险制度下,面向外来人口的疾病医疗救助的目标只能是减轻外来人口的医疗负担,而不可能是免费医疗。

(三) 其他相关援助措施

在义务教育还未能真正成为免费教育的条件下,基于部分外来人口的未成年子女因贫失学的现实,政府有必要制定贫困家庭子女义务教育补贴或教育费减免的政策,并通过这一政策实现义务教育机会均等的目标。

针对遭遇天灾人祸的外来人口,还有必要建立紧急救助机制。

参考文献

[1] 北大中国经济研究中心宏观组.中国社会养老保险制度的选择：激励与增长[J].金融研究,2000(5)：1-12.

[2] 陈佳贵,王延中.中国社会保障发展报告(2010)[M].社会科学文献出版社,2010.

[3] 陈建奇.养老保险制度安排的模型分析与评价[J].华东师范大学学报(哲学社会科学版),2006,38(3)：118-124.

[4] 陈迅,韩林和,杨守鸿.基本养老保险基金平衡测算及平衡状态分析[J].中国人口科学,2005(51)：135-139.

[5] 程永宏.现收现付制与人口老龄化关系定量分析[J].经济研究,2005(6).

[6] 初梓豪.北京市城镇无保障老人养老保险问题研究[D].首都经济贸易大学,2014.

[7] 崔承印.外来人口对北京人口规模和分布的影响与对策研究[J].北京规划建设,2002(5)：24.

[8] 董正林.我国基本养老保险基金收支平衡问题研究[D].安徽师范大学,2010.

[9] 封铁英,李梦伊.新型农村社会养老保险基金收支平衡模拟与预测——基于制度风险参数优化的视角[J].公共管理学报,2010(4)：100-110+127-128.

[10] 冯念一,陆建忠,朱嬿.对保障性住房建设模式的思考[J].建筑经济,2007(8).

[11] 符齐华.延长法定退休年龄利弊谈[J].中国保险,2004(11):27-29.

[12] 何平.养老保险基金平衡及对策研究[J].经济研究参考,1998(9):20-44.

[13] 黄晓,赵辉,施莉.我国养老保险基金收支测算模型[J].统计与决策,2006(22):27-28.

[14] 贾洪波,温源.基本养老金替代率优化分析[J].中国人口科学,2005(1):81-88.

[15] 贾康,王瑞,杨良初.调整财政支出结构是减少养老保险隐形债务的重要途径[J].财政研究,2000(6):38-44.

[16] 姜向群,郝帅.北京市流动人口社会保障状况及其影响因素分析[J].北京社会科学,2008(3).

[17] 李莉,郑慧,余亭.中国基本养老保险基金平衡的精算模型分析[J].经济师,2009(12):27-28.

[18] 李祥德.福厦泉常住外来人口的公共服务问题及内部差异[D].福建师范大学,2008.

[19] 李潇颖.对常住外来人口社会保障问题的公共政策思考[J].科教文汇(上旬刊),2011(10).

[20] 李晓霞.新型农村养老保险制度的可持续性研究[D].上海师范大学,2011.

[21] 李孜,杨洁敏.我国城市流动人口医疗保障模式比较研究——以上海、成都、北京、深圳为例[J].人口研究,2009(3):99-106.

[22] 林李月,朱宇.流动人口社会保险参与情况影响因素的分析——基于福建省6城市的调查[J].人口与经济,2009(3):59-95.

[23] 刘昌平,殷宝明:中国基本养老保险制度——平衡与可持续性研究[J].财经理论与实践(双月刊),2012(169):19-24.

[24] 刘昌平.再分配效应、经济增长效应、风险性——现收现付制与基金制养老金制度的比较[J].财经理论与实践,2002(4).

[25] 刘黎明,初梓豪.北京市城镇无保障老人养老保险问题研究[J].社会保障研究,2014(3).

[26] 刘黎明,庞洪涛.北京市城镇养老金收支测算及平衡分析[J].社会保障研究,2014(5):3-9.

[27] 刘昕.养老保险基金平衡问题精算分析[D].吉林大学,2014.

[28] 路和平,杜志农.养老保险基金收支平衡预测[J].经济理论与经济管理,2000(2):56-59.

[29] 骆正清,陈周燕,陆安.人口因素对我国基本养老保险基金收支平衡的影响研究[J].预测,2010(2):42-46.

[30] 骆正清,陈周燕,陆安.人口因素对我国基本养老保险基金收支平衡的影响研究[J].预测,2010(2):43-46.

[31] 马伟,王亚,刘生龙.交通基础设施与中国人口迁移:基于引力模型分析[J].中国软科学 2012(3):69-77.

[32] 米红,周伟,史文钊.人口迁移重力模型的修正及其应用[J].人口研究,2009(7).

[33] 庞洪涛.北京市城镇养老金收支测算及灵敏度分析[D].首都经济贸易大学,2009.

[34] 乔观民,刘振宇.长江三角洲都市连绵区内部人口空间流动态势研究[J].华东师范大学学报(哲学社会科学版),2004,36(5):72-77.

[35] 邱婷婷.农村社会养老保险精算体系及实证研究[D].厦门大学,2006.

[36] 任丽新.农民工社会保障:现状、困境与影响因素分析[J].社会科学,2009(7).

[37] 沈士仓.我国社会养老保险基金的筹资现状和运行风险[J].南开经济研究,1999(6):51-56.

[38] 世界银行.老年保障:中国的养老保险体制的改革[M].中国财经出版社,1998.

[39] 孙娜娜.北京市新型农村社会养老保险收支测算和政策模拟研究[D].首都经济贸易大学,2012.

[40] 孙娜娜,刘黎明.农村养老保险收支测算研究——以北京市为例[J].调

研世界,2015(3).

[41] 孙祁祥."空账"与转轨成本——中国养老保险体制改革的效应分析[J].经济研究,2001(5):20-27.

[42] 王海江,杨书章.实现社会养老保险制度转制的焦点——关于制度转换成本的分析[J].人口与经济,1999(6):46-52.

[43] 王鉴岗.21世纪养老保险平衡难题及对策[J].人口与经济,1999(6):53-55.

[44] 王鉴岗.社会养老保险平衡测算[M].经济管理出版社,2005.

[45] 王鉴岗.养老保险收支平衡及其影响因素分析[J].人口学刊,2000(2):9-14.

[46] 王强.我国基本养老保险基金的平衡精算分析[D].中国海洋大学,2008.

[47] 王冉,盛来运.中国城市农民工社会保障影响因素实证分析[J].中国农村经济,2008(9).

[48] 王晓军.对我国养老金制度债务水平的估计与预测[J].预测,2002(1).

[49] 王争亚.北京市农民工社会保险问题初探[D].首都经济贸易大学,2006.

[50] 魏后凯等.中国地区发展——经济增长、制度变迁与地区差异[M].经济管理出版社,1997.

[51] 项怀诚.关于全国社会保障基金的几个问题[J].中央财经大学学报,2006(1):1-7.

[52] 谢勇,李放.农民工参加社会保险意愿的实证研究[J].人口研究,2009,33(3):63-70.

[53] 徐佳,傅新平,Steve Peng,周春华,高祝桥.新政策下养老保险基金收支测算模型的构建[J].统计与决策,2007(10):65-67.

[54] 徐伟,傅新平.新政策下养老保险基金收支平衡影响闲素分析[J].武汉理工大学学报.2007(2).

[55] 杨桂宏,胡建国.农民工城市生活社会保障的实证研究——以北京市x区423名农民工为例[J].调研世界,2006(8).

[56] 杨桂宏.农民工就业与社会保障问题研究[M].吉林大学出版社,2010.

[57] 姚俊.农民工参加不同社会养老保险意愿及其影响因素研究——基于江苏五地的调查[J].中国人口科学,2010(1):93-100.

[58] 殷俊,赵伟.社会保障基金管理新论[M].武汉大学出版社,2007.

[59] 尹志锋,郭琳,车士义.流动人口的社会保障状况及影响因素分析——基于2006年北京市的微观数据[J].北京科技大学学报(社会科学版),2010(2).

[60] 袁秀奇.新型农村社会养老保险筹资模式研究[D].西南财经大学,2010.

[61] 袁志刚.中国养老保险体系选择的经济学分析[J].经济研究,2001(5):13-19.

[62] 张敦富,覃成林.中国区域经济差异与协调发展[M].中国轻工业出版社,2001.

[63] 张树哲.对影响我国养老保险基金平衡因素的精算分析[D].东北财经大学,2005.

[64] 张思锋,张冬敏,雍岚.引入省际人口迁移因素的基本养老保险基金收支测算——以陕西为例[J].西安交通大学学报(社会科学版),2007(2):43-50+55.

[65] 张松.论养老基金平衡机制——基于辽宁试点模式对养老基金平衡的透视[J].中央财经大学学报,2003(1):25-28.

[66] 张勇.农民工社会保障问题研究综述[J].社会主义研究,2009(3):130-135.

[67] 赵曼,刘鑫宏.农民工就业与社会保障研究[M].中国劳动社会保障出版社,2010.

[68] 郑秉文.改革开放30年中国流动人口社会保障的发展与挑战[J].中国人口科学,2008(5).

[69] 郑秉文.改革开放30年中国流动人口社会保障的发展与挑战[J].中国人口科学,2008(5):2-17

[70] 郑功成.中国养老保险制度:跨世纪的改革思考[J].中国软科学,2000

(3):7-11.

[71] 周渭兵.社会养老保险精算理论、方法及其应用[M].经济管理出版社,2004.

[72] 朱青.养老金制度的经济分析与运作分析[M].中国人民大学出版社,2002.

[73] 朱宇.国外对非永久性迁移的研究及其对中国常住外来人口问题的启示[J].人口研究,2004(3):32.

[74] 宗成峰.城市农民工社会保障问题的实证分析——以对北京市部分城区农民工的调查为例[J].城市问题,2008(3).

[75] 左文.中国基本养老保险基金收支平衡问题探讨[D].苏州大学博士论文,2008.

[76] Ashby Nathan J. Economic Freedom and Migration Flows between U. S. States [J]. *Southern Economic Journal*, 2007, 73(3):677-697.

[77] BaiTientos A. Pension Reform and Pension Coverage In Chile:Lessons for Other Countries [J]. *Bulletin of Latin American Research*, 1996, 15(3):309-322.

[78] Barr, Nicholas, Peter Diamond. The Economics of Pensions [J]. *Oxford Review of Economic Policy*, 2006(22):15-39.

[79] Eswaran, Mukesh and Ashok Kotwal. The Role of the Service Sector in the Process of Industrialization [J]. *Journal of Development Economics*, 2002, 68:401-420.

[80] Friedman, Hausman. *A New Era of Social Security* [M]. The Public Interest, 1998.

[81] Gronichi S, Aprile R. The 1995 Pension Reform:Equity, Sustainability and Indexation [J]. *Labor*, 1998, 12(1):36-100.

[82] Klumpes PJM, Whittington M. Determinants of actuarial valuation method change for pension funding and reporting:evidence from the UK [J]. *Journal of Business Fianance & Accouting*, 2003, 30

(1&2): 175-203.

[83] Lo, Chi. China's Aging Problem [J]. *The International Economy Fall*, 2006(20): 38-39.

[84] Martin Feldstein. Social Security Pension Reform in China [J]. *China Economic Review*, 1999.

[85] Nicholas Barn. *The Economies of the Welfare State* [M]. Oxford University Press, 1998.

[86] Noriyuki Takayama. Pension Fund in China [J]. *Journal of Political Eeconomy*, 2003.

[87] Rither OC. Actuarial Basic of Federal Old-age Insurance [J]. *Law and Contemporary Problems*, 1936, 3(2): 212-220.

[88] Sayn S, Kiraci A. Parametric Pension Reform with Higher Retirement Ages: A Computational Investment of Alternatives for A Pay-as-you-go-based Pension System [J]. *Journal of Economic Dynamics & Control*, 2001 (25): 951-966.

图书在版编目(CIP)数据

北京市常住外来人口养老基金收支测算研究/曹洋著.—上海：复旦大学出版社,2019.3
ISBN 978-7-309-14089-7

Ⅰ.①北… Ⅱ.①曹… Ⅲ.①基本养老保险基金-财政收支-研究-北京 Ⅳ.①F812.44

中国版本图书馆 CIP 数据核字(2018)第 285026 号

北京市常住外来人口养老基金收支测算研究
曹 洋 著
责任编辑/王雅楠

复旦大学出版社有限公司出版发行
上海市国权路 579 号　邮编：200433
网址：fupnet@fudanpress.com　http://www.fudanpress.com
门市零售：86-21-65642857　团体订购：86-21-65118853
外埠邮购：86-21-65109143　出版部电话：86-21-65642845
江苏凤凰数码印务有限公司

开本 890×1240　1/32　印张 5.5　字数 112 千
2019 年 3 月第 1 版第 1 次印刷

ISBN 978-7-309-14089-7/F·2536
定价：20.00 元

如有印装质量问题，请向复旦大学出版社有限公司出版部调换。
版权所有　侵权必究